レインボーフォーラム

ゲイ編集者からの論士歴問

永易至文編

はじめに

二〇〇二年六月から二〇〇四年三月まで、季刊『にじ』という雑誌がありました。キャッチコピーには、「暮らしとコミュニティ、NPOを結ぶ／同性愛者のライフスタイル創造マガジン」とあります。年四回、まる二年、全八冊が発行されました。

同人誌ではありません。ISBN（書籍コード）をつけて、書店流通した書籍です。

私はその『にじ』の編集発行人であり、発行元として設立した一人出版社「有限会社にじ書房」の一人しかいない社員兼代表取締役でした（会社は現在、解散）。

『にじ』は、ポルノグラフィのいっさいない雑誌でした。そのかわり、日常のなかのゲイやレズビアンの人生を聞き取りしたカバーストーリー（「ある同性愛者の肖像」）、社会のしくみや行政の施策などについて、同性愛者の生活権とはなにかを具体的に探究したルポなど、生活記事やドキュメンタリーを中心に誌面をつくりました。いささか口幅ったい言い方をすれば、それは同性愛者の「社会派」の雑誌でした（『にじ』については、本書末尾に付したインタビューおよび目次一覧をご覧ください）。

ちなみに「にじ」とは、同性愛者の解放運動の国際的シンボルであるレインボーフラッグにちなむ命名です。

そうした記事のひとつに、レズビアン・ゲイ当事者以外の立場から、同性愛者の運動に役立つ問題提起をしてもらうシリーズがありました。同性愛者の運動が、当事者内だけで完結するものではなく、社会全体につながっているものだということを認識し、自身の視野を広げるための企画でした。同性愛者コミュニティが抱えている、あるいはいま向き合わなければならないと思われる課題について、これぞと思う論者を編集者が訪ね、お話をうかがい、それを原稿にまとめました。

同時にそれは、同性愛者ひいては性的マイノリティを黙殺し、いないことにして形成される世の言説のなかに、きちんと同性愛者の居場所を割《さ》いてもらう働きかけでもありました。世のセンセイがた――ここにご登場いただいたかたがたは例外ですが――には、ドウセイアイと口にするのも汚らわしい、というかたが多いのも事実ですから。

ここに再録した記事は、すべてそうしたゲイ編集者の問いかけに答えて、同性愛者コミュニティ（マイノリティ）と社会（マジョリティ）とを架橋するものとして、語りおろされました。

読者は、それぞれの論者が同性愛者コミュニティにリンクしていかに問題を語るか、その語りによって、同性愛者コミュニティがけっして日本社会と無縁で特殊な存在ではないことを――むしろ日本社会の課題をすぐれて先鋭的に体現する場所であることを理解されるでしょう。

あわせて、おのおのの論者にそうした問いを投げかけるところの同性愛者コミュニティとはなにかについても、一定の理解を得られるのではないかと思います。それぞれの原稿に付した解題が、その理解の一助となればさいわいです。

ここであわててつけ加えます。

同性愛（者）とはなにか、とは、つねづね聞かれることです。そうした「基礎知識」的なことについてまず知りたいと思われるかたは、本書ではなく、九〇年代以来、良質な啓蒙書・入門書が多数、発行されていますので、さきにそちらに目を通されることをお勧めします。大きな書店の女性学、社会学、セクシュアリティ、ジェンダー、などの棚をお訪ねください。

その要諦を述べれば、人のセクシュアリティは、性別（生物学的性差、身体の性）、性自認（こころの性）、性的指向の三つに分けて考えればわかりやすいのではないか、ということです。

たとえば、身体的に男で、自分でも男だという自認があって、性愛が異性へ向かうなら、それは異性愛男性であるし、性愛が同性へ向かうなら同性愛男性である、というようにです。また、身体的には男だが、自分では女性だと思っている人がいわゆる「性同一性障害」で、その人が性愛では女性へ性的指向が向かっているなら、外部からは男女の異性愛に見えるが、ＭｔＦ（Men to Female）トランスジェンダーの同性愛女性である、と言うことができるでしょう。

もちろん、これはきわめてわかりやすく――そう、「新しい歴史教科書をつくる会」など民間右派のかたでもわかるように――説明したものであって、事実はそんなすっぱり割り切れるものでないことは言うまでもありません。性別におけるインターセックス（半陰陽者）の存在によってもわかるように、三つの指標それぞれに、男／女や同性指向／異性指向のあいだに無数のグラデーションや可変性があり、それらが一人の人間のうえに複雑に重なることで、まさに人の数だけ性の多様性があると言うことができます。

ちなみに、私は（自身が）ゲイであることを、どのようにとらえているか。

私は自分がゲイであることを、アイデンティティとか「本当の私」とか言うよりも、むしろ社会と相対するときの私の立ち位置、ぐらいに考えています。見る人、見る立場によって万華鏡のように姿を変える社会と向きあうとき、私はいつもこの席から見ることにしている、それが私にとっての「ゲイ」ということでしょうか。「私を社会に引っ掛けるための釘」とも称しています。異性愛であることが無言の前提であり、異性愛を強制される現実社会では、あまりお得な立ち位置ではありませんが……。

自分を引っ掛ける釘に自覚的であるだけに、他人様がどんな釘にみずからを引っ掛けておいでなのかが気にもなるのです。まさか風船のように宙に浮いているわけではあるまいでしょうから。

それが「ゲイ編集者による論士歴問」、となったしだいです。

【レインボーフォーラム——ゲイ編集者からの論士歴問　目次】

マイノリティから見た「人権」「語り」「家族」

関曠野（評論家）
辛淑玉（人材育成コンサルタント）
山田昌弘（社会学者）

そうだったのか、「人権」って
――民主主義の再設計の方へ

関　曠野（評論家）

性的指向は基本的人権

同性愛とは、異性愛や両性愛とならぶ性的指向のひとつであり、人種や性別、門地とならぶ差別禁止項目であることは、九〇年代以来の当事者の運動や多数の啓蒙的出版物の刊行によって、ようやく、ようやく認識されてきたようです。同性愛は、基本的人権であるといえます。

これはたんに欧米だけの話ではなく、国内でも、「人権擁護法」（二〇〇一年提出、未成立）に性的指向による差別禁止が盛りこまれました。また、自治体でも性的少数者の擁護などを盛りこんだ人権指針などを定める動きがあいつぎました。そのなかでも東京都の人権指針（二〇〇〇年）は、都が設置した懇談会の原案骨子にあった「同性愛」が、のちに発表された指針（案）では削除されていて騒ぎとなり、当事者団体のほか人権団体の働きかけ、多数のパブリックコメント、都議会での質問などによって復活したことでも有名です。

しかし、性的少数者の擁護などを盛りこんだ人権指針や人権条例が、昨今のバックラッシュのなかで槍玉にあがったり、平成大合併のあおりで新自治体へ持ち越されないなどの情況もあります。

「人権インフレ」が起こっている?

こうして九〇年代以来、ゲイ・レズビアンの問題を、まずは「人権問題」として語る語りは定式化したようです（もちろんまだまだ不十分なことは言うまでもないとして）。

しかし、あらためて人権とはなにかと考えてみた場合、私たちのなかに具体的なイメージがあるでしょうか。運動のがわでも、「同性愛は人権の問題です」「人権を守ってください」と言ってきましたが、これは、だれが、だれに、なにをせよ、と言っているのでしょうか。

そうでなくても世の中には人権という言葉があふれ、「人権インフレ」を起こしています。なにか気に食わないときは「人権侵害だ」と言えば相手は黙ってくれるし、「人権」とはまるでわがままを覆いかくす錦の御旗のようです。おまけになにやら人権でメシを食っている「人権業界」「人権屋」もあるらしい。人権、人権と言っているところは怖い、うさんくさい、近づかないほうがいい……。

一般の人びとの人権という言葉にたいするイメージは、そんなところではないでしょうか。ついには、「人権ゴロ」はワシが成敗してくれよう、という（右派）論客の本も見かけます。

一方、（左派の）諸先生がたの本を見ると、人権とは近代ブルジョワジーの発明品らしく、いろいろ限界があって、そういうものをいまどき後生大事に守れと言うのは、なんだかダサいことのようなのです。

こうして右からも左からも嫌われて、いったい人権とはなんなのでしょう。どう考えればいいのでしょう。

これは同性愛者の運動にとどまらない、現代の市民運動全体、人びと全体にかかわる問いでもある気がします。

「多様性の尊重」から社会形成の原理へ

そうしたとき、八つぁんや熊さんが、「隠居、こりゃいってえどういうことです？」と飛びこんでいけるような在野の政治思想史家が、関曠野さんです。西欧政治思想史の該博な知識と、あくまでも原理的に考える強靱な思考力をもちつつ、アカデミズムによらず、一貫して身を野《や》に置く関さんを、愛知の豊橋へ訪ねました。

その人権論は、人権や憲法、国家や民主主義を根底的に、そして実践的に考えようとする人には、長年の疑問を氷解させてくれる稀有《けう》な福音と響くでしょう。そして、従来のアカデミズム的知識の習熟に安住する人には、ただのトンデモ言説としか聞こえないものでしょう。

関さんは本文中で、昨今はやりの「多様性の尊重」などが不満のガス抜きと住み分け論にすぎない、為政者による社会工学であると喝破《かっぱ》します。そして、人権を掲げて闘うものの本当の課題をいくつか呈示されます。

思えば九〇年代は、「性の多様性」が花開いた季節でした。男女の性別と異性愛の自明性が疑われ、ゲイやレズビアンなどは序の口で、バイセクシュアル、トランスジェンダー、インターセックス、女装家、やおい、おこげ……（語の解説は省略します）、さまざまな指向や嗜好が一人の人間のうえに多様に重なるセクシュアリティの摩訶不思議さが一気に表に出てきたのが、九〇年代でした。

しかし、性の多様性は十年たって今日、どうなったでしょう。「ふ～ん、いいんじゃない、そういう人もいて」という、寛容さを装った無関心にとってかわられてはいないでしょうか。男女の性別二元論と異性愛の自明性が相対化されたのはいいとして、ではその先になにを作るのか。私たちの思想的努力は、そこでとどまってはいないか。現に社会制度自体は、なんら変化へとは向かっていないかのようです。

そこにこそ、小手先の社会工学でかわされてしまわないための、社会形成の原理に思いをはせる理由があるのだと思います。こうした二枚腰の強靱な思索は、どのような問題に取り組む人にも共通する課題ではないでしょうか。

人権という古い革袋に、いかなる新しい酒が詰められるか。私はぜひゲイ・レズビアン当事者はもちろん、ひとりでも多くの人が、この稀有なる市井《しせい》の哲学者、関さんが提起されている議論を知り、そこから一つでも二つでも、ヒントを見つけていただけたらと願うのです。

※付　人権擁護法の立法のいきさつ

一九九三年、国連が人権救済を行なう国内機関にかんする「パリ原則」を定め、加盟各国に救済機関の設置を求める。

一九九七年、日本政府も重い腰をあげ、法務省が「人権擁護推進審議会」（人権審）を設置。

二〇〇〇年秋、「中間とりまとめ」に「性的指向による差別を救済の対象とするかどうか検討する」。欧米視察などにより、性的指向を人権救済の対象とする欧米にならった模様。

二〇〇一年一月、東京など四都市で公聴会を開いたところ、札幌・大阪・福岡の三都市で同性愛者の人権擁護を訴える意見。

二月、法務省で急きょ、同性愛者のNPO「動くゲイとレズビアンの会」ヒアリング。

五月、最終答申で、日本に性的指向による差別的取り扱いや嫌がらせ、差別表現があることを認め、人権救済機関の積極的救済の対象とする、と明記。立案された人権擁護法に、日本ではじめて性的指向による差別の禁止を明記。しかし、法案はメディア規制などの問題から反対が多く、現在未成立。

宗教戦争のなかから生まれた人権の思想

編集部から、人権について中学生にもわかるように話してほしいと言われ、思いついて「人権」をインターネットで検索してみましたが、行政の人権課のようなところが主催するイベント情報がものすごく多いですね。はじめから国連の世界人権宣言などのタテマエ的な説明がならんでいて、読んでも難しいし、借り着の感をぬぐえない。これで「人権を守りましょう」などと言われても無茶な話です。日本で人権とは、大所高所で論じられる、神聖不可侵な、いわば神棚に上がった言葉だということがわかりました。人権とはなにか。これを中学生にもわかるように説明するために、私はユダヤ教のあるエピソードを紹介するところから始めたいと思います。

紀元前一世紀、偉大なユダヤ教のラビ（宗教指導者）でヒレルという人の門口にある外国人がやって来て、一本足で立ち、「私がこうして立っているあいだに、ユダヤ教とはどんなものか教えてくれたら、私はユダヤ教に改宗しましょう」と言った。するとヒレルはにっこり笑って、「自分にしてもらいたくないことは人にするな。これがわかれば、ユダヤ教のすべてがわかったことになる」と言ったといいます。このゴールデン・ルール（黄金律）こそが、ヨーロッパにおける人権思想の思想史的な源流だと言えるでしょう。

ところが、平和の保障者であった宗教が逆に戦争の原因となった宗教戦争が、十六、七世紀のヨーロッパに破局をもたらしました。近代の人権思想は、この宗教戦争のなかで、自分と他人の違いを理由とした殺戮《さつりく》を終わらせ、どうやって平和をつくり出すかという思索のなかから生まれたものです。

その思索を展開した代表的な思想家はトマス・ホッブズ（一五八八〜一六七九）やジョン・ロック（一六三二〜一七〇四）ですが、彼らは、人にはその属する宗教や民族に関係なく、最小限の不可侵の権利がある、と唱えました。それを当時は人権といわず、自然権といいましたが、宗教が説いていた「自分がしてほしくないことは人にするな」という黄金律を宗教から継承し、その宗教的な殻を破り、戦争を終わらせ、平和を創出する思想へと練り上げたわけです。

ロックはその自然権の思想をさらに国家論へと展開し、『市民政府論』を著したことは、中学校でも習うとおりです。ここでロックは、すべての人間は生まれながらに自由・平等であり、尊厳があり、国家は個々人のその権利を守るためにあるのであって、個人は国家の道具ではない、と説きました。ロックはその思想をなお、神がすべての人間を自由で平等に創造し、神の子としての尊厳をもっているからだ、とキリスト教によって根拠づけましたが、宗教戦争を総括する思想としては、十七世紀後半の人であるロックにとどめを刺すと言えるでしょう。

せき・ひろの　1944年、東京生まれ。通信社勤務をへて、文筆業へ。アカデミズムによらず、在野の思想史家として、その該博な知識で、日本の政治と社会へ鋭い問題提起を重ねている。近年はネーション論と、そのネーションを生み出すものとしての教育に深い関心を寄せる。著書に、『民族とは何か』（講談社新書）『みんなのための教育改革』（太郎次郎社）ほか。

しかしそのロックの思想には、宗教戦争の最中に苦悩の思索をつづけ、殺しあう人間の現実のなかに、神でも悪魔でもない人間に固有なものを見つめ、人間の尊厳を説いた十六世紀の人、モンテーニュ（一五三三～九二）が影響を与えていることは、忘れてはならないでしょう。

人権とは戦争に対抗する思想だった

自然権の思想はそれから四世紀かかって、国連の世界人権宣言（一九四八）にまで発展しますが、なぜ近代になって人権思想が深まったのか。これは近代人が人間的であったからなどではなく、その逆に戦争の惨害がより深刻になってきたからです。古代や中世には武士だけがやった戦争に、庶民もまた総力戦として巻きこまれ、甚大な被害をこうむるようになり、それにともなって人権思想の拡充がはかられてきたのです。人権思想の発展は、近代が同時に戦争の時代であったことと裏腹の関係にあります。

ですから、人権思想をもっともリードしてきたのは、国と国との戦争の仕方から捕虜の扱い方までをとり決めた、国際法や国際条約でした。今日もなお、国際条約にもっともよく人権思想が取り入れられ、日本などは国内法がそれに追いつかない現状です。子どもの権利条約しかり、女性差別撤廃条約しかり、日本が批准や国内法整備を遅らせている国際条約はいくらでもあります。

また、国連で世界人権宣言が採択されたのも、アウシュビッツやヒロシマに代表される第二次大戦の悲惨な経験があったからです。なんといっても戦争は、敵と味方を峻別《しゅんべつ》し、自分にしてほしくないことを敵にする（その究極のことは殺すことです）わけですし、敵が人間であることを否定することに行きつきます。ブッシュがビンラディンを悪魔と呼び、日本が鬼畜米英と言ったその対極にあるのが人権の思想です。どんな人間でも人間であることを認め、そこからどうするか？　これが人権論の出発点だといえるわけです。

違いのうえにどう相互的な平和を築けるか

人権思想とは、行政の啓発ポスターにあるような、人にやさしくしましょうという類いの「気配りのすすめ」ではない。自分と他人は違うことを認めたうえで、どうやっていっしょに生きていけるかを問う思想です。たんに争いがない、傷つけないということではなくて、生きいきした相互性——なれあいでも、一体化でもなく——にもとづく平和を築く思想ではないでしょうか。

人権の本質として、三つのことを述べたいと思います。

一つは、人権論が想定する人間観についてです。人権論は個の尊厳を重視するということから、個人のわがままをなんでも人権と言って美化や正当化する勝手な個人主義思想だ、という非難が投げつけられます。まったくの誤解です。

キリスト教起源の人権論にいう個とは、民族だの身分だのの属性を取り去った、神が創造したままの裸でこの世に生まれてきた個人です。弱く、憐れむべき存在です。その人間がいかに社会を共に作っていくかを考えるのが人権論であって、すでに能力があり、ばりばり競争に勝ち抜く利己的個人は人権論の想定する人間ではない。第一、そういう人間は他人の人権を無視しがちでしょう。

同時に人権が、個を集団に埋没させる最たるものである戦争に真っ向から対立する思想であることは、個は集団の圧力に抵抗する存在であることも示唆しています。そこから国家の命令にあえて反する、良心的徴兵拒否の論理も生まれてくるわけです。

二つには、人間は学ぶ存在であるという認識です。人間社会は学習のプロセスをとおして形成されます。人権の本質には学ぶプロセスがあるということです。なぜなら、近代社会とは伝統的社会とは違っていやおうなしにたえず拡大し変化していく社会であり、そういう社会では人間自身がたえず他人にたいする知覚を拡大していかなければ社会の変化に追いついていけない。放っておくと、気がつかずに昔ながらの偏見に捕われる。差別や偏見は、複雑な社会構造に巻きこまれて、「自分は被害者」という意識にとらわれている人間が陥りやすい心理でもあるのです。

しかし、ここに言う学習とは、行政主催の講習会とか、安っぽい啓蒙を言っているのではありません。もっと豊かにとらえてほしい。メディアが地道ないい報道をする、マイノリティをテーマとしたいい文学や演劇、音楽作品が生まれ、人びとの道徳的感受性を変えていく、そういうことが大事だと思います。

寛容という古いタームの現代的意義

三つ目に、その学ぶプロセスにおいては、想像力を働かせて人の立場になってみることが決定的に重要になります。「自分がしてほしくないことは人にするな」と言われれば、だれもが当然だと思うでしょうが、その相手がオウム信徒や犯罪者ならどうか。野宿者にたいしてはどうか。オウム信徒の転入届を受け付けない行政に、人権を語る資格はないのです。

宗教戦争を終わらせる人権思想のキーワードは、自由や平等とともに、じつは寛容ということでした。モンテーニュも寛容を生涯のテーマとした人でした。あいつは敵だと思うかぎり戦争は終わらない、どうしたら友か敵かの発想を超えられるか。その自己への省察をつづったのが『エセー』であり、それを承《う》けてロックもまた寛容論を著しています。

ところが、寛容論の流れはこのロックで止まり、その後、寛容という問題にこだわった思想家は見当たりません。では、寛容などかんたんなことかといえば、どうしてどうして、民族紛争と文明の衝突の現代に、寛容はますますその思想的価値を高めているのです。

私の住む豊橋にも近年、外国人労働者は多いのですが、近くの豊田市も自動車工業があるため、一つの団地の住民の半分ちかくが日系ブラジル人という地区があります。日系といっても文化はラテン系ですから、夜中にサンバをかけて大騒ぎする、ゴミの出し方が悪い、ということで地元民とトラブルが起きる。そこで「ブラジル人、出て行け」と排外騒動が起きるか、それとも違う道へいくか?

豊田では地元の主婦が中心となって交流が始まり、おたがいの言葉や料理を学ぶところからはじめて、その過程でゴミの出し方を伝え、共生のスタイルを探り当てていったのです。それは、人権とは学習プロセスであることのみごとな証左であるとともに、寛容の精神が決定的に重要であることを物語っています。

しかもそこにあるのは、ルソー（ジャン＝ジャック、一七一二〜一七七八）が人間のもっとも根源的な感情であるとしたピティエ、憐れみや共感の心です。異郷に来て大変でしょうという共感がなければ、交流も始まらない。たんなる啓蒙で、外国人にはこれこれしないようにしましょう、という話ではない。相手の痛みの感覚に立てるかどうか。それがなければ、暴力的な排外運動によって「解決」が図られたでしょう。現に一宮市では日系ブラジル人の高校生が日本の若者に殺された事件がある。狭い愛知県のなかでさえ、こうした両極端の事例があるのです。

寛容とは、まず第一に相互性のうえに立って平和を求める思想です。移民労働者と地元民との交流と理解があってこそ平和が生まれた。これをブラジル団地を作って住み分ければ、当座の解決にはなるかもしれませんが、相互の無理解は温存され、それがいつ排外運動の温床になるかわかりません。

二つには、紛争を恐れないということ。雨降って地固まる、人間はそこから学べる存在です。

そして三つめには、紛争の背後にある不正から目をそらさないこと。自動車会社が安い賃金で外国人労働者を無節操に雇用し、しかも彼らの日本での生活になんの配慮もせず、いわば地元民に押しつけたことが紛争の背後にあります。その不正義が暴力的衝突を招きかねないところをからくも回避させたのが、主婦たちの寛容の心、ブラジル人たちへの共感の心だったのです。

行政の社会工学的あやうさ

しかし実際には、基本的人権の尊重をかかげながら、現代国家においてはさまざまな紛争を、適当に関係者の利害を調整するとか助成金を出すとかの措置で「まあまあ」と納め、紛争の根を切開しないで当面の問題回避をはかる傾向がひじょうに強く見られます。これは一種の社会工学であり、人権思想の対極のものであることに注意を喚起したいと思います。

たとえば、学校のいじめ問題にはカウンセラーを配置すればいい、などの措置が典型で、これでは専門家を増やしてあらたな利権と業界をつくることにすぎない。それでも行政はなにかをやったように見えるわけで、当面の不満はガス抜きされても、問題の根っこはなんら切開されていないのです。これを社会工学と言うわけですが、現代社会はその傾向がひじょうに強い。人権問題というかたちで現れる紛争も、社会工学的にかわされる可能性がいつもあります。

たしかに緊急的にはさまざまな措置が必要でしょうが、人権は人間性の成長と、それによる社会の再形成に期待する姿勢なしにはありえないもので、専門家とか助成金とかで解決できるものではない。社会のシステムを維持するために、トラブルをいかに揉み消すかという社会工学的発想は、新しい商売と業者・業界を生みだすだけです。

この社会工学がもっとも幅をきかせているのはアメリカで、マイノリティへのさまざまな施策が実施されていると同時に、アメリカを風靡《ふうび》した行動科学なる「学問」によって、これにはこれ、あれにはあれ、と対策を講じただけの側面もあるのです。そうでなければ、なぜ黒人がなおも差別と貧困に喘《あえ》がなければならないのでしょうか。

マイノリティの人権尊重などと言いながら、内心では社会システムにたいする不適応者と見て、いかにそれを適応させるか、取り込めない場合には安全に隔離するか、と行政が狙っている例はざらにある。わずかな助成金でガスが抜けるなら、こんな安いことはないのですから。ましてや日本の法務省の、どこに人権を言う資格がありますか。あれだけ同化を強要して、在日差別とかやりたい放題やってきた役人が人権啓発などと言うのは、ほんとうにマンガです。

パブリックに承認される、市民社会が受け入れるということと、行政が政策課題にかかげたということとは、シビアに分けて考えないと、人権問題がかんたんに社会工学にすりかえられ、行政と運動組織がいつのまにか一体化して、人権運動が圧力団体や利権団体に堕していった例は枚挙にいとまがない。そして問題は温存される。その裏にはたえず同調と同一化の罠《わな》が控えているのです。

多文化主義は公民権の代用品とはならない

では、昨今流行の多文化主義は、運動の目標となるでしょうか。

移民の国アメリカは、ひと昔まえまで「メルティングポット（人種のるつぼ）」と言っていたのが、最近は「サラダボウル」と言うのがはやりです。溶けあわないで、それぞれ違ったままでひとつのサラダになる、というわけですが、これが社会工学臭い住み分け論でなくてなんでしょうか。

今年（二〇〇六年）は黒人公民権運動の指導者・キング牧師（マーティン・ルーサー、一九二九～一九六八）の暗殺から三十八年になりますが、彼ははたして多文化主義を要求したのでしょうか。「ニグロ」をアフロアメリカンへ言い換えることに始まるさまざまなアファーマティブ・アクション（少数派優遇政策）にもかかわらず、貧困を押しつけられたままのゲットーの黒人の現実をまえに多文化主義を賞賛することは、私には欺瞞《ぎまん》としか映りません。なるほど、多文化主義はないよりあるほうがいいけれど、もはや住み分けと相互無関心にすりかえられている。

公民権運動のなかでキングは、黒人が公民権を剥奪《はくだつ》されている現状は、若者がベトナム戦争へ動員されたり、世界が南北に分断され貧富が偏在していることとつながっていると見た。だから彼はアメリカの外交政策も論じたのです。多文化主義とはアメリカ国内が安定すればいいという思想ですから、そこから外交政策批判なんか出てこない。多文化主義のもとで黒人は二流市民に甘んじることを余儀なくされている。多様性の尊重とは公民権と民主主義の代替品になるものではないのです。

九・一一のNYテロ以降のアメリカで、アラブ系住民が迫害を受けている現実を見れば、多文化主義がオタメゴカシでしかないことは明らかです。事実、アメリカは去年、国連の人権委員会のメンバーから落選しました。北朝鮮やイラクを悪の枢軸と呼ぶアメリカの好戦的な政権には、人権がリップサービスであることは、世界に見すかされているのです。

人権はポスト冷戦下の具体的な課題

人権とは抽象的な絵に描いた餅でも、神棚に上げて朝晩拝むものでもない。それどころかポスト冷戦のいま、人権を問うことはすぐれて具体的な歴史的課題であるのです。民主主義の再設計が課題なのです。

第二次大戦後、人類は大戦の惨禍《さんか》をまえにして反省し、国連で世界人権宣言を採択してふたたび自然法にも言及し、すべての人間には生まれながらに不可侵の尊厳がある、と心から思いました。それが冷戦の開始によってあっというまにタテマエに堕し、大事なのは自陣営や自国の利益だ、となった。ポスト冷戦のいま、あらためて大戦直後の精神にたち戻ることが必要なのに、その課題がずっと棚上げにされたままです。いまこそ原点にたち戻って、世界のあらたな秩序を考えるべき時期です。昨今のアメリカの目にあまる独断専横と国際法違反は、いずれ世界から制裁を受けるにちがいありません。

さらに歴史を考えると、フランス革命で人権宣言を打ち出したフランスは、どうすれば自由・平等・友愛にもとづいて民主主義を制度化できるか、十九世紀をつうじてさまざまな実験をくり返しました。国民投票制度を取り入れたり、パリ・コミューンもまたその実験の現れです。

しかし、こうした民主主義の実験と進化は、第一次大戦の勃発によって吹っ飛んでしまいました。二十世紀はじめ、すべての市民に選挙権を与えた普通選挙制の実現あたりで、民主主義の進化はストップしているのです。

人権論とは個々のマイノリティの問題であるとともに、それを通じた民主主義の再設計の問題です。住民投票条例や外国人の政治参加、司法における陪審制など、さまざまな公的参加と社会形成の実験をしていかなければならない。市民権を実質あるものにして、自分たちが社会を形成し、変えているという実感をもたないと、選挙の投票率と政治家の質はますます低下し、無力感とニヒリズムが蔓延《まんえん》するばかりです。

若者にかぎらず、政治的無関心が世の大勢となって久しいですが、それは人びとが民主主義に絶望しているからでしょう。投票してもなにも変わらないし、政党の違いもわからない。もちろん、政府の政策しだいで経済と暮らしが激変することが理解されはじめているけれど、無力感はますます政治への無関心を助長するでしょう。

だからこそ、民主主義の再設計をともに語るべきではないでしょうか。人権はいま美辞麗句《びじれいく》ではない、きわめてアクチュアルな課題なのです。

イエ社会の遺産を精算する人権の思想

しかし、日本の社会はこういう認識をなかなか受けつけません。それは、日本はイエ社会の遺産を引きずっているからです。

イエ社会とは、古代の律令《りつりょう》という公法が廃《すた》れた中世に、おイエ集団に固まり、自分の生存権の保障（御恩）と引き換えの無条件の服従（奉公）を原理とした、法ではなく力がものをいう社会です（拙著『野蛮としてのイエ社会』参照）。同時にイエのトップも家長という立場に束縛されて自由がない。だれも自由でないからだれも責任をとれないのがイエ社会で、これはけっして過去の話ではない。さきごろ話題になった、カネを出してもらったNGOは政府（外務省）を批判してはならないという例は、まさに現代の御恩と奉公ではないですか（ピースウィング・ジャパン事件）。

日本で人権を論じると、このイエ社会ともろにぶつかることになるのです。この社会には、個人は集団の一部にすぎないという、権利というものを認めない思想が充満している。権利を端的に否定されているのはマイノリティであっても、それは日本社会全体の特質を表徴《ひょうちょう》しているのです。

私はそのことの証左を、日本人が天皇を第一条に据えた憲法を後生大事に守って疑わないことに見るのです。支配者がいて、下々は支配者についていくのが義務であり、集団あっての自分だという思想をなによりも表わしているのが日本国憲法です。あらゆる個人の不可侵の権利と尊厳という人権規定を、当然あるべき冒頭に置かないこの憲法は、天皇という特殊に日本的なものをそこに据えることで、日本人を国際社会から断ち切って、無意識のうちに排外的な集団にしている面もあります。

人権問題を闘う人は、かならず憲法と天皇制を問え、とは言わないけれど、そこへつながっているということは認識してほしい。個々のマイノリティの独立した運動ではあっても、いずれは民主制の再設計、人民主権確立に向けた憲法改正運動へ滔々《とうとう》と流れ込んでいく運動であってほしいと願います。

民主主義の再設計を、思想的にも実践的にもいかに人権擁護の運動に織り込めるか。それがマイノリティの運動を広く社会に開き、反発や誤解ではなく、共感と支援を得ていく唯一の道ではないかと思うのです。

二〇〇二年一月三十一日、豊橋にて

『にじ』創刊号

辛 淑玉（人材育成コンサルタント）

「敵」のなかにこそ味方がいる

——そうだったのか、「伝える」って

伝えていくことの困難さ

マイノリティをめぐる語りは、いつも堂々めぐりをする気がします。

それは最初、当事者による渾身《こんしん》の訴えとして始まります。「足を踏まれた痛みは、踏まれた者にしかわからない」、そんな怒りと涙の告発であったりもします。苦しみを共有する当事者による組織も、形成されていきます。

そうした姿に、人びとが理解と共感を示すこともありますが、理解をしない人のところへ直接、理解を求め、話しあいに出向くこともあります。それを「糾弾」と呼ぶ人もいるでしょう。

こうした姿に「暗い」「怖い」「きつい」といった3Kイメージがつきまとうと、それをよしとしない当事者のなかから、「元気」で「明るい」語り手が登場してくることもあります。ユーモアもまじえた巧みな弁舌は、難解で無機質な組織のコトバとはちがい、はじめて聞く人にも大好評です。メディアにも登場し、スポークスパーソンの役割さえ果たすようになります。ブームがやってきたのです。

そうして目立ってくると、内側からは「あいつに代表者を頼んだ覚えはない」とか、「マジョリティに媚《こ》びている」「自分が有名になりたいだけ」などのコトバも聞こえはじめます。

しかし、そのころにはブームを煽《あお》ったメディアにも飽きが来ています。そのうちに反動がやってきて、逆風が吹いたりします。そのときマイノリティは、社会が、マジョリティが、なにも変わっていなかったことに愕然《がくぜん》とします。なぜ、あのブームのときに、法律ひとつ、制度ひとつも作っておかなかったのか。あるいは政治家一人でも議会に送っておけなかったのか。

しかし、もう当分、ブームの風は吹いてきそうもありません。「ふりだしに戻る」といった言葉を想起せずにはおれない寂寥《せきりょう》感ばかりが漂います。

――いささか戯画化したとはいえ、俗に日本の三大差別と言われる「部落」「在日」「障害者」問題においても、これに類したことはあるのかもしれません。

先駆者による前史があったにせよ、九〇年代から突然はじまった日本の同性愛者の運動においても、こうしたことはなきにしもあらずでした。というか、まさに九〇年代初頭、女性誌における「ゲイ・ブーム」から、それは始まったのです。

これまで同性愛者の運動でも、社会的に、メディア的に、さまざまな人が登場し、伝え、訴えてきました。いまも社会や文化の一線に立ちつづける人もいれば、その時代的役割を果たし、何冊かの著書を記念碑として姿を消していった人もいます。

伝えていく、訴えていく、そして社会を変えていく、ということを、ほかのマイノリティは、ほかのアクティビストは、どう実践してきたのでしょうか。

活動者としてどう語り、どう壁にぶち当たり、そしてそれをどう乗りこえたのでしょうか。

そのときマジョリティのがわは、どう変えられたのか。

先駆者に話を聞くべく、在日コリアン・アクティビストである辛淑玉さんを訪ねました。

辛淑玉、出づっぱりの十七年

辛淑玉さんは、在日朝鮮人の貧苦のなかから身を起こし、「百万人いる在日朝鮮人のなかで、もっともラッキーな転身」をして、人材育成コンサルタント会社「香科舍」を設立。以来十七年（取材時現在）、企業社会での研修から、近年は石原都知事を向こうに回しての「三国人」問題まで、出づっぱりでやってこられました。

このかん、マイノリティとして「権力」批判をしているばかりでは、かぎりあるエネルギーを使い果たしてしまう。「排除と差別」の体制をつくっている企業社会の男たちが「悪党の集団」だというなら、そのとき辛さんはこう言います。

「悪党の集団を、確信犯的な大悪党と、悪党にダマされている小悪党とに分けなければいけない。大悪党に踊らされている人に、もっと豊かな人生があるということを語っていくのです」

「違う生き方をしていいんだよ、というメッセージは、マイノリティのがわからしか発信できない」

「マジョリティとは、じつは一番苦しんでいる集団です。変わるためのノウハウがないからです」

それを具体的なアドバイスとともに研修の場で伝え、男たちを切り崩す。まるで男社会とがっぷり四つに組んで、身悶《みもだ》えしながら土俵下へ倒れこむような辛さんの戦法には、手に汗握る興奮を覚えさせられます。

「マイノリティが崩壊することはチャンスですが、ソフトランディングしてくれないと、しわ寄せはこっちに来る」

十七年の辛さんの経験は、切れば血がほとばしり出るような言葉のかずかずとなって、『にじ』のなかに記録されました。

「敵」のなかにこそ味方がいる

この原稿は、『にじ』が発行された直後から、好評をもって迎えられました。ゲイ読者だけでなく、異性愛の女性読者からも、「勇気がわいた」「元気が出た」との言葉をもらいました。本文中の「伝えるときの鉄則、いくつか」の節なども、運動マニュアルとして重宝されたと聞きます。辛さんの言葉が、編集者の意図を超えて大きく広がっていったことに、逆に編集者として勇気づけられた経験でした。

いま、あらためてこの原稿を読んで、なお興奮を覚えるとともに、一つの気づきもありました。辛さんは、一貫して伝えるノウハウと気構えについて語っており、マイノリティにのみ、当事者にのみ差別を語る資格がある、ましてや正義がある、などとは一言も言ってはいないことです。

出るなら「権力を握っている者が不愉快になる」ような出方をしろ、その覚悟を決めて出よ。

「運と不運が紙一重なら、幸運にも世に出られた私は、あとから来る在日や女たちのためになにができるか」

その問いへの、それは辛さんなりの答えだったでしょう。

同性愛者のなかには、これからも社会に訴えていきたい具体的な課題がいろいろあります。同性パートナーシップの法的な保障や社会制度の変更。教育現場での性的マイノリティへの言及や、現にいる性的マイノリティの子どもへの配慮。ゲイ男性のあいだで拡大するＨＩＶ感染を抑制し、すでに感染した人をケアするためのきちんとした行政の予算措置……。まだまだあるでしょう。

これらを訴えていくときに、辛さんではないけれど、異性愛者とされる人びとのなかにも同性愛者の味方がたくさんいることを信じ、彼らと繋がり、社会というオセロゲームの盤面の駒をパタパタとひっくり返していけたら、と思うのです。

在日コリアン・アクティビストのはじまり

在日朝鮮人の子どもにとって、差別と不条理のなかで思い描けた将来像は、正直、なにもありませんでした。それでも私はたまたま運がよくて、社会に出られるきっかけがあった。萩原宗のカットモデルをやっていて、プロのモデルクラブにはいって、オーディションに受かって博報堂の特別宣伝班にはいるという、百万人いる在日朝鮮人のなかで、もっともラッキーな転身をしたわけです。

モデルクラブで仕事をするうち、ウォーキングの教え方とかがうまいからと、コンパニオンなどを教育する講師として呼ばれる。雇用機会均等法ができて女性の活用が責務になると、「女の子」への教え方がうまいというので、企業から女性社員の研修の仕事がくる。やがて女性を使う男（店長など）の研修や管理職研修の仕事がくる。そのうちCI（コーポレート・アイデンティティ）ブームになって、会社のなかの構造をどう変えていくかの立案を任される……。そうやって時代と法律の波にのって、自分の会社も作り、まさに百万人の在日朝鮮人のなかの稀有な一人になった。

そこで考えました。私はたしかに死ぬほど努力もした。でも、かつて先輩たちも同じように努力をしてきたのに、陽の目を見ることはほとんどなかった。「時代」もふくめて抜群の運のよさで私はここまでこれた。運と不運が紙一重なら、私は、不運だった人たちのためになにができるかを考えなければいけない。あとから来る在日や女たちのための道を、日本の企業社会、男優位社会のなかにつけよう、と。

当時はそんなきれいな言葉でまとめていたわけではありませんが、ともかくそれが在日コリアン・アクティビスト、辛淑玉のはじまりでした。

マジョリティに聞かせるには

研修や講演などで、マジョリティである日本人の男に朝鮮人の女の問題を語っても、彼らにはピンとこないし聞く耳をもたない。だからつねに、「いま男にとっての課題」からはいろうと決めました。差別をするがわの構造は一つで、差別の対象が違うだけ。どこの入り口からはいっても突き当たるところは同じですから。

たとえば、九〇年代の前半には、当時、ブームになっていたＨＩＶの問題にからめて語りました。社会で耳目を集めている課題に、「排除と差別」といった自分の問題を重ねていくのです。現在、私は、「リストラされる男」の問題を語っています。

伝え方も相手によりけりです。マジョリティ相手に語るときは、意識的に断定して言います。そうすると相手は混乱する（笑）。「バカな朝鮮人の女」がしゃべっていると思って見くびっている相手に、「朝鮮人を差別しないでください」なんて言ったら、言えば言うほど相手は高みに立ちますから、お願いや懇願は問題の解決になりません。しかし、「おまえが悪いんだよ、そんなことも知らないのか」と言うと、相手は混乱する。まず相手に刺激を与え、そして相手から見下されないポジションに立つのです。

これは、男社会で女が生き延びるためのノウハウと同じです。お茶を一度汲《く》んだら、ずっと汲まされつづけます。最初に、「私はお茶汲みはしません」と言い切れるかどうかで、関係が決定されるのです。

企業内研修という仕事は、組織のなかで多数の男に、きちんと時間を取ってもらってモノを言える場です。だからこそ、私は企業内研修を自分の第一の勝負場所だととらえてやってきました。

その研修の場で、私は最初は男をもちあげていました。「生産性を上げるためには、このように女性を活用しなければいけません」とかなんとか。しかし、これではいつまでたっても、女が男なみに働けば認める、という発想から抜け切れません。

その壁を越えるために、いまは脅かしています。「人権？　あたりまえじゃないですか、国際的なマナーですよ。これをおろそかにしたら、明日からあんたの首はないんだ。部長としてこんなこともわからなかったら、グロ

しん・すご　在日コリアン三世。人材育成コンサルタント。1985 年（株）香科舎設立。人材育成、人権に関わる研修・講演を年間約 100 本ほど受け持つ。UCSD 客員研究員、明治大学政治経済学部客員教授、神奈川県人権啓発推進会議委員などを務める。『せっちゃんのごちそう』『怒りの方法』など著書多数。
http://www.shinsugok.com/

ーバル化についていけませんよ」と。実際、国際社会では、差別を温存する企業にたいして投資を中止するなどの動きが出ていますから、時代が変わってきたことも強みです。

だから研修に行くと、受講した多くの管理職は「いったいだれがこいつを呼んだ」というような顔をして、研修が一回で打ち切りになることもよくあります。「刺激的」だから、一回で終わるのです。それでいいのです。もう一回仕事をもらおうとは思わない。でも、十か所に研修に行って一か所ぐらいは脈がある。そういう会社は確実に変わっていきます。また、たとえそのときは切れても、経営者と正面からぶつかる私の姿を見ていた新入社員たちが、その後、部長クラスになったとき、会社の再生のために私を呼ぶのです。十七年この仕事をしていると、そういうことがよくあります。

マジョリティの弱い部分を切り崩す

しかし、「権力」を叩いているだけでは、かぎりあるエネルギーを使い果たしてしまいます。叩きながら、こちらの力を増していくにはどうすればいいか。新たな課題が出てきました。

私がいまとても効果があると思っているのは、男が虐待を受けているということを、ちゃんと数字をあげて男に伝えることです。男社会でも、力を持っていない男はたくさんいます。男全体をまとめて叩くと、力を持っていない、抑圧されている男も敵に回してしまいます。抑圧されている男性は女性の味方であり、同志ですよ。彼らには気づいてもらわないといけない。

「負けるな、泣くな、やり返せ」と育てられてきた男は、先輩に殴られても「気合いを入れていただいて、ありがとうございます！」です。暴力の世界に押しやられて、怖いと思っているのに、そこで勝たなければいけない、死ぬ気でがんばらなければいけない、というのは虐待以外のなにものでもない。それを明確に伝えなくては、と思いました。

これは、一番、大きく響きました。

まさに、カチッとはまったなという感じがしています。

この研修をすればするほど、確実に、マジョリティの男が分裂してきました。権力を握って支配している男と、その権力に支配されている男をいかに分断するか。「権力集団」とは悪党の集団ですから、確信犯的な大悪党と、悪党にダマされている小悪党とに分けなければいけない。大悪党に踊らされている人に、もっと豊かな人生があるということを語っていくのです。

男女共同参画の講演などで、私はいま、女の人権をテーマにしません。テーマは「男の人権」です。それは「敵」に媚《こ》びることではなくて、相手が新しい価値を発見することを援助することです。それは同性愛者が異性愛者に語るときにも、いえることではないでしょうか。

もちろん、目に見えない豊かな未来より、目に見える現在の小さな既得権を選ぶ男は多いでしょう。そのときは、いかに「時代」を味方につけるかです。いま、男はリストラの嵐のなかにいて、いままでの価値観がぜんぶ崩れ、しかし新しい価値観を見出せないでいます。そういうとき、「違う生き方をしていいんだよ」というメッセージは、マイノリティのがわからしか発信できない。単色で生きてきたマジョリティのなかに、そのノウハウはないのですから。

マイノリティは、マイノリティだけの力で社会を変えることはできません。金も権力もない身には、マジョリティが崩れてきたときが最大のチャンスなんですよ。だからこそ、いかに時代に敏感であるかが勝負です。マジョリティがなにを恐怖に思い、どういう足場の上に立っているのか、たえず時代のなかで情報を収集し勉強しつづけていないと、小さな存在が大きな社会を動かすことはできません。

マジョリティに変わり方も提案する

いま、私に講演依頼がとても多いのは、とりもなおさず「男の人権」について語っているからです。そのなかで、男はこれからどうすればいいのかというところまで、示しているからです。

これまでマイノリティは、マジョリティの批判はするけれど、「では、どうしたらいいのですか」と言われたら、そこまで考えてあげられない、自分で考えろ、と言ってきました。そこまでおんぶにだっこなのか、という怒りは当然、私にもあります。

しかし、「こういうふうにしてください」と答えを示してあげないと、先に進まないのも事実です。マジョリティとは、じつは一番苦しんでいる集団です。変わるためのノウハウがないからです。いままでの生き方を変えるノウハウを発見することは、マジョリティには一生できないでしょう。マイノリティのがわから、ものを見たことがないのですから。

たとえば企業研修で、定年間近の部長サンたちには夫婦の話をします。妻が倒れたとき、あなたは料理ができますか、介護ができますか。できないでしょう？　愛がないわけじゃない、技術がないだけ。技術がないから、男はなにをしていいかわからない、家のなかに居場所がない。まず居場所を獲得しましょう。手始めに、今日は花を買って帰りましょう。「君に会いたくて帰ってきたよ」と言いましょう。そんなことをすると、妻はかならず、「なにか隠してるでしょ」と言うでしょう。言うだろうけど、それを続けることで夫婦関係は変わります——と言うと、ホントに変わるのです。部長として明日から女性の部下を活用しましょうと言っても、だれも変われません。妻に花を買って帰ろう、思いを言葉にして伝えれば関係は変わるよ、ということを、いかに伝えられるか。

ここまで噛み砕いてあげないと、マジョリティは変われない。十七年の企業研修の経験のなかで、それを私は学んできました。

マジョリティが崩壊することはマイノリティにとってチャンスではありますが、うまく崩壊してくれないと、そのしわ寄せはかならず弱者に来ます。マジョリティの崩壊がマイノリティへの壊滅的な打撃になりかねない。それは、どうしても避けなくてはなりません。みんなが生きていける方向に、ソフトランディングしなくてはならないのです。

私はマイノリティとして、「それはひどい！」と言えるようになるまで四十年かかりました。そのつぎに、「だからこうして」と言えるようになったのは、四十三歳からです。私は恵まれた四十年だったから、声をあげられたのです。仲間の多くはそのまえに倒れ、燃え尽きました。しかし、幸いにもこの社会で自覚し、立ち上がるチャンスを得た当事者は、マジョリティに自分たちがどうしてほしいかを伝える責務があります。それが自分たちの生きる空間を広げ、あとから来る若い世代に生きやすい空間を保障することになるのです。もちろんそれは、同性愛者のコミュニティで活動し、あるいはこれからしようとしている人にも、言えることではないでしょうか。

被差別体験を語る言葉をどう獲得するか

被差別体験を語ることは、マイノリティにとってものすごい葛藤があります。はじめは「(差別は)イヤだ」としか言えず、論理的に説明できません。語っていてパニックになることもあります。「あなたはそう言うけど、私の知ってる在日の人に聞いたら、差別されたことなんかないと言っていたよ」という、「差別はない」攻撃さえ受けます。マジョリティがマイノリティに、「差別があるんですか？」と聞くこと自体、ものすごい抑圧だというのに……。

マジョリティに、こういうことも全部噛み砕いて教えてあげるための言葉は、どうすれば獲得できるのか。少なくとも私は、戦って、くやしい思いをして、仲間にでも家族にでも恋人にでも、だれにでも理不尽に八つ当たりしなければ、言葉なんて獲得できませんでした。私は美しいことだけやって言葉を獲得したわけではありません。

朝鮮人だから朝鮮人自身のことがわかるだろうというのは、大きな間違いです。私を混乱から救い、私に言葉を与えてくれたのは、知識のある第三者(心理学者とか社会学者とか)でした。少しでも面識がある人や、パーティーで名刺をもらっただけの人にも、私はやたら電話をしました。嫌がられもしましたが、これはどういうことなんだ、と聞きまくったのです。

ものすごく嫌がらせの電話がかかってきたとき、心理学者の岡本京子さんに、「警察に言ってもダメ。私、怖い」と訴えました。彼女は私の話を静かに聞いて、最後に言いました。「電話をしてくる人は、行動には移さないよ」。ハッとしました。心理学の専門家からの分析によって、私の精神はすごく安定しました。

それから、社会学者にも聞きました。「辛さんは日本が朝鮮半島で戦前、悪いことばかりしたと言うが、戦前の調査で日本人への印象はよかった。戦後、韓国が反日教育をやって印象が悪くなったのだ」と、戦前の調査の数字をあげてきた東大出の研究者がいました。私はそれに反論できなかった。それで、社会学者の山中速人さんに電話をしたら、山中先生がケラケラ笑うのです。「支配者が目のまえで聞く調査に、悪い答えを言うわけないじゃないか」。それからもう一つ、「植民地とはいえ目のまえで生身の日本人を見れば、いい部分も悪い部分も見える。情も移る。だけど、戦後、国交がなく接する機会がなければ、解決されない被害を目の当たりにして、悪い印象だけが増長される。これはあたりまえのことだ」。

学者の分析力は、私が闘い抜くためにはすごく大きな力となりました。ものを客観的に見られる人の力をどうやって借り、情報をいかに生きるために活用していくのか。それがなければ闘いきれないのです。

「伝える」ときの鉄則、いくつか

ここで、私の「伝える」ときの鉄則を、いくつか思いつくままにお話ししてみましょう。

まず第一は、「どんなことがあっても出ていく」ことです。「朝まで生テレビ」に出たときには、私は何度帰って泣いたかわかりません。友人たちに、「もう辞めたい」と訴えました。でも、「出ろ。議論に勝てなくても、そのしぐさや表情で視聴者になにかが伝えられる」と言われました。

出つづける、行きつづけることが大事です。十回行って七つはダメでも、三つはあとにつながるかもしれません。いじめられるがわの、無学な朝鮮人の女にくみして、メリットがありますか？　最初はたったひとりの闘いでした。でも、出ていくからには、そこは踏ん張りつづけないといけないのです。

そうしたらある人が、「潮干狩り」の話をしてくれました。最初はバカ貝（だし汁にしかならない貝）ばかりとれる。潮がひざまで満ちてきて、きょうはバカしかいないな、もう帰ろうと思った瞬間に、がさっとアサリがとれはじめる。一日かかってとったかごいっぱいのバカ貝を放り捨てて、たちまちアサリでかごがいっぱいになる……。続けていると、ある瞬間からブレイクするのです。

二つめは、「傷つかないと決める」こと。

新聞で連載をすれば、ばんばん嫌がらせの投書が来る。石原都知事の「三国人発言」運動でも、嫌がらせメールが山ほど来た。そんなとき、「出て行くからには、自分はどんなことがあっても傷つかない」と決めてしまうことです。押し寄せる嫌がらせにいちいち傷ついていたら生きていけません。どんなことがあっても相手が悪い、と思い切ることです。

三つは、「歩留りは三パーセント」と思うこと。

いろいろな活動で私が「目立って」くると審議会などにも声がかかるようになり、青島都知事の「生活都市・東京を考える会」という、これからの十年に都がやるべきことをあげる審議会委員になったことがあります。女で、在日で、おまけに無学だから、呼ぶほうは弾よけにもなるし、一人で三度美味しい、というわけでしょう。

「朝鮮人の女がなにを言うか」という好奇の目に囲まれて私がとった戦略は、爆発することでした。初回、「私は税金も都民税も払ってます。だけど選挙権もありません、これもない、あれもない。なにもなくてここへ来ました」とタンカを切った。審議会ではだれも私の肩をもってくれませんでしたが、最後まで私は騒ぎつづけました。

そろそろ結論をまとめるという時期に、一人の都の幹部が私を食事に誘って、「あなたの最初の発言は意味があった」と言ってくれた。まとめにいくつぐらいなら私の意見を入れてくれますか、と聞いたら、二つぐらいかなと言うので、在日の参政権と女性の訴訟支援を入れてもらいました。訴訟支援は、のちに石原都知事によって予算もカットされました。女に力をつけさせたくない、ということなのでしょう。

都民として扱われたことのない者が都民として考え、発言するというのは、かなりしんどい作業でした。能面のような審議会でも、見せ物になりながらもつっぱっていると、いくつか道が開けてくるものです。でも、それは百のうち三個。歩留りはそれぐらいと心得ておくと、気持ちがラクになります。ホームランバッターだって三割ですから三パーセントはたいした数字です。闘いは細く長く、いや、ズ太く長くです。

四つ目は、伝えはするが、「わかってもらおうと思わない」こと。

差別されるがわの痛みは、ほんとうのところではわかってはもらえないでしょう。しかし、相手は制度を作る権力の立場にあります。わからなくてもいいから、相手が苦しんでいて、それはあなたのせいだということを認めよ、この一点で突き進みましょう。わかってくれなくてもいい、しかし、わからないということをわかれ、そしてつぎの世代ではわかりあえるためにどうするか、その施策を作れ。これが権利獲得闘争です。

そして最後に、「敵のまえで仲間の悪口は言わない」こと。

私を叩くのは日本人の右翼だけではありません。同じ在日朝鮮人からも叩かれます。私を嫌いな女性もいっぱいいます。しかし私は、在日の悪口は言わない、女はすべて助ける、でも構造の批判はする、と決めています。そう言うと、●井よし子でも曾×綾子でも助けるのかと言われますが、助けます。あの人たちには気づきが必要なんです。

女を敵と味方に分けていったら、本当の敵と戦いきれません。マジョリティの男に媚びて、男のなかで甘い汁を吸っている女の気持ちが、私にはよくわかります。そうすることが生き延びるための道だったのです。そうさせたのは、圧倒的な異性愛の男性優位構造です。これこそが、本当の敵です。

仲間へ伝えるとき、メディアに出たとき

もちろん、失敗は山のようにあります。差別の現状だけを語る「告発型」では、ただ暗く、重く

なって終わる。かといって、明るく笑いながら、元気いっぱいでやると、「なんだ、朝鮮人は元気じゃないか。じゃあ、なにもしなくていいや」と思われる。ユーモアを交えながら、深刻な話を相手の受けとめられるレベルにもっていくには、技術が必要です。

「それは朝鮮人全体の話ですか、あなたは在日の代表ですか?」と言われたこともあります。そのとき、「私は」という言葉をいかに使えるか。「朝鮮人は」という言い方をしつづけるかぎり、相手は受け入れません。「私はこう思う」「朝鮮人だっていろいろいるんだ」と言うなかで、距離感はなくなっていきました。

逆に日本人への批判をすると、「ぼくは違う」と言われます。そのときは、私はそう思っていること、日本人と在日のあいだにはそういう構造があること、そして、結果として見て見ぬふりをしているあなたにも責任がある、という三段論法で話します。

同じ仲間にものを伝えるとき、私は「自分たちはこんなにしんどい」という言い方はしません。それではエンパワーメント、勇気づけになりません。こうすれば勝てる、と話します。また、相手の代わりに怒鳴る演出も大事です。それは私のためでもあり、怒りを感じてきたのはあなただけではない、ということも伝えられる。だから女の人への講演と男の人への講演とでは、私は話し方が違います。差別されるがわは無力感にとらわれているので、そこからいかに脱出するか。そのために必要なのは嘆き節ではなくて、ノウハウです。

仲間へ伝えるとき、どんな在日でも、どんな女性でも、仲間として愛せるかが鋭く問われます。少しでも「教えてあげよう」という思いがあると、だれも耳を傾けてくれません。マイノリティのなかには、教えてあげなければならないような対象はいません。一緒に歩む仲間です。

本人がどう思おうと、少しでもそういう思いがあると、文章や態度やしぐさにかならず出ます。それはその人が支配社会から学んでしまった業《ごう》のようなものです。たとえばエリートの朝鮮人で、外国人枠などで教授になったような人が、バカな朝鮮人にたいして正しい知識を教えてやろうという態度をとる姿は、悲しいけれどよくあります。知の階層社会を作っているだけです。知識のある朝鮮人だけで、朝鮮人社会が救われたことはないのです。

一方、メディアなどに登場する機会を与えられた当時者は、つねにマジョリティのペットとなり、彼らを安心させ、「癒す」道具になる危険性があります。「障害に負けず、生きいき頑張る姿に励まされました」、こんな感動物語が、マイノリティをめぐってつねに再生産されています。

有名になった当事者には、どんな立場に置かれても、自分と同じ立場の人の代弁をする責務があります。「優遇されている私は特殊な例だ」と言い切れるかどうか。マジョリティは、差別の構造を温存するためにマイノリティを登場させるのです。出るがわは、その危険性をわかっていないとダメです。

自分が出ることで、権力を握っている者が不愉快になる。それがマイノリティの出方です。メディアはそういうふうに利用しなければなりません。どんなことがあっても、あんたに気持ちよくなんか終わらせないよ、と私はメディアに出るたびに思っています。こちとら、毎日マジョリティのなかにいて気持ち悪いんだから！

有名化とペット化のなかにいると、その人はラクですが、それは存在として無になったことも意味します。これから同性愛者も大学や、教育委員会、行政の審議会、さまざまなエスタブリッシュメントへ招かれるようになるでしょう。そのとき、マジョリティにとって不愉快なメッセージを発しつづけられるかどうか。そこが勝負のしどころではないでしょうか。

二〇〇二年八月九日、銀座にて
『にじ』創刊二号

山田昌弘（社会学者）

転換期にある家族

――そうだったのか、「家族」って

カムアウトをさまたげる「家族」

自分がゲイやレズビアンであることを他者に告げることを、カミングアウトと言います（カムアウトには、さまざまな局面があります。自分で自分を同性愛者だと認める、受け入れることも、自分へのカミングアウトだし、告げたあとも相手に同性愛者としての自分の受容を継続して働きかけていく長期のプロセスも、カミングアウトの局面です）。

九〇年代以来、同性愛が「ポピュラー」になるなかで、友人などへカムアウトする人は増えてきたようです。また、若い世代には、かつては同性愛としての自己受容につきものであった葛藤をあまり経験することなくスムーズに自分を受け入れ、それにともなって友人や周囲へのカムアウトもそれほどこだわりなくできている人も多いようです。今日、ゲイ・レズビアンだという友人・知己を一人ももたないという人は、よほど当事者から「あの人にだけはカムアウトできない」と敬遠されている人なのかもしれません。

しかし、カムアウトに敷居が低くなった人たちにも、親へのカムアウトはなかなかの難問としていまも立ちはだかるようです。

同性愛者は、たいてい異性愛の親から生まれます。そのため、家族（親）を裏切っている、という感覚を持たされます。父母がいて子どもがいて、そうして何代もつづいていく幸福であるべき家族に一匹だけまじった黒い羊は、「親に孫も見せられない」とみずからを嘆きます。

家族とは、同性愛者の自己受容やカミングアウトを根元のところでくじけさせるものなのか？　もちろん、カムアウトした結果、あらためて家族のメンバーとして、そのパートナーともども受け入れられる例もありますが、たいていはひと悶着《もんちゃく》あるのがふつうです。

しかも「二人っ子」が標準となっている世代にとって、男性の四人に三人が長男、女性の二人に一人が実家が断絶、という計算のまえに（本文参照）、家族プレッシャーは強さを増しているかもしれません。

同性愛者にとって家族の問題は、いまなお大きな壁となっているようです。

「家族幻想」からの離脱

いったい家族って、なんなのか——と言えばこのかた。現代家族分析の鋭さでは右に出る人なし、山田昌弘さんを訪ねました。

まずは家族社会学者の本領発揮で、私たちがいま家族と呼ぶところのもの（いわゆる近代家族）について、じつにスッキリとした説明をいただきました。そして私たちを縛る二つの思いこみ——家族は固い絆で結ばれている、家族とは幸福であるはずだ——が、日本において歴史的には一九六〇年代から広まったものであること、その二つの思いこみによってさまざまな無理軋轢《あつれき》が生じていることを、アダルトチルドレンを例に話していただきました。さらに、歴史的なものである家族がこれからどこへ行くのか、その見通しを語っていただきました。

学問の力とは、まさにこうした目が覚めていく興奮を味わえるところにあるのでしょう。家族というものを万古不易《ばんこふえき》の絶対的なものと見ず、歴史の流れのなかに置いてクールに見る視点こそは、私たちが自分を解放していく重要なツールになると思うひとときでした。

とはいえ、私はここで啓蒙主義よろしく「知は力なり」と脳天気に呼号するわけではありません。なるほど、家族（近代家族）は歴史的なもので、近代の呪縛《じゅばく》から抜けだせ、というのは簡単ですが、私たちはまだ近代に片足を突っ込んだまま生きていることも確かです。

山田昌弘さんは、最初の著書『近代家族のゆくえ』（新曜社、一九九四年）のあとがきで、その前年、留学中に「家族のことでつらい体験」をしていたことに触れています。もちろんその中身は詳述はされていませんが、そのあとで家族を「ありのままに見ていくのは、つらい作業です」と述べる山田さんの家族社会学に、凡百のアジテーションとはまったく異なる、実人生に裏打ちされた、それゆえ人間的にも信頼できるものを感じたものでした。

同性愛者と家族をめぐる動き

親との関係以外で、最近、「同性パートナーシップの法的保障」運動が関心を集めるようになりました（二〇七参照）。また、単身で老いることが多い同性愛者のあいだでは、ゲイの老人ホームが舞台という映画『メゾン・ド・ヒミコ』（犬童一心監督、二〇〇五年）も、賛否入り乱れて話題になりました。

一方、教育の場では、こうしたニュースもありました。

高校家庭科教科書では、近年、家族の変化や多様性の例として、同性愛者のカップルなども家族と見なす記述が登場していました。しかし、二〇〇七年度から使われる教科書の検定において、それらにのきなみ検定意見がつき、教科書会社が削除したということです。

こうした文部科学省の動きに先立って、ここ数年、一部民間での「ジェンダー・フリー批判」「過激な性教育批判」、また自由民主党のキャンペーンや議員による国会質問などがありました。「伝統的な家族」の価値を強調し、そこからはずれるものを許さない、とする風向きが強まっているようです。

こうした動きをまえに、同性愛者と家族をどう考えていくのか。山田さんの本文末尾のシニカルなコメントが、リアリティをもって読まれる現実の不気味さです。

家族への二つの思いこみ

同性愛者のコミュニティで家族をめぐっては、「親を悲しませたくないからカムアウトしない」とか、「家族をつくらない同性愛者である自分は、人間として間違っているのでは」と思う人もいるわけですか？　それで、家族とのしがらみを整理して、もう少しスッキリした関係がとれないか、と……。

そういう思いの裏には、家族は幸福なものであるべき、という思いがあるのでしょうね。実際、そういうイメージは、世の中にあふれかえっている。だから、家族を悲しませることが申し訳ないと思ったり、そこからはずれることは不幸であると感じてしまうのは無理ないことでしょう。

でも、現実の家族がそれほど素晴らしい関係でないことには、みんな気づいているんじゃないですか。ひところ『日本一醜い親への手紙』（Create Media編、メディアワークス刊、一九九七年）という本が流行しましたが、現実の家族のなかは、かならずしもいい関係ではないし、たのしいものではない。家族というものをとおしてパラダイスみたいな関係がどこかにあるんじゃないかという、漠然とした感覚をもっているのが、いまの時代でしょう。

だから、かならずしも血がつながったり、法律上の家族から愛情が得られなくてもいいわけです。たとえば、ペットを家族だと見なす人も増えている。

最近おもしろいのは、四十代の専業主婦が人形の子育てにはまるブームです。人工頭脳がはめこまれた人形で、語りかけるとそれに反応して、だんだん個性がでて成長する。発売元が人形の幼稚園の入園式を主催すると、私も出たいと申し込みが殺到。人形をほんとうの家族と思っているわけではないのでしょうが、人形遊びのなかに、すばらしい絆とか関係の幻想を見ているわけです。

こうした極端な例でなくても、人びとは離婚をすることにかつてほど抵抗を覚えなくなったり、一生このメンバーで暮らさないかもしれない、と思ったりもしている。法的な結婚や血縁家族以外にも、愛情を充足できる場や関係があることに気づき、実践しはじめています。

これまで家族には、二つの思いこみがあったと思います。一つは、家族は固い絆で結ばれている、というもの。家族関係の解消は困難だし、切れてしまうことはいけないことだという思いです。もう一つは、家族は幸福であるはず、というもの。

しかし、現実の家族をありのままに見れば、家族がすべての人にとってプラスの関係だというわけでもない。だから、レズビアンやゲイの人が、従来の家族にとらわれて苦しむことはないでしょう、と、そう言えば終わりですが、そのとらわれを解くためにも、家族の歴史を少しさかのぼってみることにしましょう。

いまの家族は、「あたりまえ」ではなかった

家族が固い絆で結ばれた愛情の場となったのは、そんなに古い話ではありません。というよりも、家族とは固い絆で結ばれた愛情の場である、と人びとに思われるようになったのが「近代」という時代であり、私たちはいまもその近代に生きているということです。

近代以前の社会には、イエ（いまの家族ではなくて、一族共同体みたいなもの）とかムラとか、宗教というものがあって、人びとはそこに確固とした、変わらない価値を見いだして生きていました。私も前近代から生きていたわけではないからわかりませんが（笑）、大多数の人びとは農業や商業など、イエの家業に従事して暮らしており、イエの先祖の法事とか、ムラの集まりとか、宗教的な世界観などを大切なものと考え、そこに依《よ》れば自分は安心できていました。幸福はイエとかムラ、宗教が保障してくれるものだった。

やまだ・まさひろ　1957年東京都生まれ。東京学芸大学助教授。シニカルなまでの鋭い洞察と、現実的な提言で知られる現代家族分析の第一人者。「パラサイト・シングル」の名付け親でもある。単著に『家族というリスク』（勁草書房）、『家族のリストラクチュアリング』（新曜社）ほか、編共著多数。

逆に、そのぶん家族どうしの関係はゆるくてもかまわなかったし、家族のなかは愛情とか情緒的満足を求める場でもなかったわけです。

たとえば、『源氏物語』では光源氏は葵の上と政略結婚して家庭をもつわけですが、情緒的満足は家族の外に求めて、いろいろな女性のもとを渡り歩いている。上は光源氏から、下は庶民の遊里の「いろ」「こひ」まで、家庭の外に情緒的満足を求めるのは普通でした。家族外の情緒的満足の相手としては、同性も多かったわけで、明治時代に西洋文明が入るまでは、日本社会では同性愛は珍しいことではありませんでした。

離婚も、大正時代までの日本は世界に冠たる離婚大国でしたが、嫁ぎ先のイエを離れてこちらのイエに戻ってくることに、あまり抵抗がなかったのでしょう。いったん嫁いでは実家の敷居をまたぐべからずというのは、一部の武士の家庭だけのことで、大多数の庶民には無縁なことでした。

ちゃぶ台を囲んでの食事も、家族団らんの象徴のように思われていますが、それも比較的新しいスタイルです（ちゃぶ台の発明は明治、全国的普及は昭和期。それ以前は、めいめいが箱膳を使用）。昔の家業の世界では、食事は仕事のあいまに食べられる人が順番に食べていた。多くの人がともに食事をするのは、ムラの祭りなど共同体の場にかぎられていたわけです。

柳田国男の『明治大正世相史』（講談社学術文庫）という有名な本に、イエのかまどの火で作った料理を小鍋にわけて、自分たちの部屋など小さな場で飲食する「小鍋立て」の風習が出てきますが、それは家族が団らんの場ではなかったところから団らんの場になるところを写しています。向田邦子が描く戦前の家庭なども、団らんの場にはほど遠い。

前近代の社会にあった、イエとかムラ、宗教というものを全部解体したところに近代社会が成立するわけですが、そのとき人びとは確固としたもの、そこに依れば安心できるというものを、新たに求めなければならなくなった。そこに呼び出されたものが、国家と家族だったというわけです。だから、家族のなかには愛情に包まれたすばらしい人間関係があるという、家族がまるで宗教的な力をもつようになったのは、近代以降のことでした。西欧では十八、九世紀ごろに、そうした意識が生まれてきました。

それまで人びとを守ってくれていたムラなどの共同体が解体したとき、社会は冷たい弱肉強食の競争社会であり、そのなかで信用できる温かい人間は家族だけだ、という意識が生まれてきたのでしょう。なぜ家族なら信用できたのかはわかりませんが、血や愛情で結ばれているということに、なにか神秘的な力があるというか、神サマ無きあとは、そういうものにしか神秘的な力を感じられなかったのだと思います。

もちろん、この愛情というものもつくられたものです。代表的なのが、母親なら子どもを愛するものだという「母性愛」の神話です。

ヨーロッパでは、十六、七世紀ごろに人びとのあいだに子どもが可愛いという感覚が生まれて、子どもを厳しく育てたりすることが親の義務だみたいな意識が出てきた。さらに子どもを育てることが母親たる女性の生き甲斐であり、生きる意味だ、ということが強力に推進されてきたことを、アリエスなど社会史家が研究し、それをめぐってさまざまな議論が積み重ねられています（フィリップ・アリエス『〈子供〉の誕生――アンシァン・レジーム期の子供と家族生活』など）。家族について私たちがあたりまえだと思っていることは、案外あたりまえではないのです。

こうして近代になって成立した家族のことを、私たちは「近代家族」と呼んでいます。私は、家族だとみなす範囲で共同生活をし、それが愛情で成り立っていると意識されているとき、つまり生活の場と愛情の場が一致していて、しかも一致しなければいけないという規範が強力にはたらいている場合、それを近代家族と呼んでいます。さきにも述べたように、前近代ではそれは一致していなかったのですから。

六〇年代から広がった愛情家族

いまみなさんは、とくに六〇年代以降に生まれた人は、家族は愛情の場というイメージをはじめからお持ちでしょうが、日本ではそれは戦後の高度成長のなかで広まりました。

「近代家族」は、明治時代に日本に輸入され、武士の家庭をモデルとした旧民法の家制度のかたちで受け入れられます。それを中間項として戦後、高度成長のなかで広まったサラリーマンと専業主婦との組み合わせ家庭において、生活の場と愛情の場が一致するという感覚が実感されていきました。夫は家族のために働いて給料を運び、妻は家事をし、子どもを育てる。そのことで愛情が確認され、家族が豊かになることで、ますます愛情が確かめられたわけです。扶養手当てなどの家族賃金制も、この時期、確立されます。

「あなたにとっていちばん大切なものは」という調査に「家族」という答えが出るのもこのころか

らで、もし戦前におなじ問いをしたら、たぶん家名とかご先祖さま、墓・仏壇・お位牌というのが上がったのではないでしょうか。

　ヨーロッパのキリスト教社会で、さきに家族という概念ができたのは、先祖という概念がなかったからでしょう。日本には家意識と先祖祭祀があったので、明治から戦後までのタイムラグが必要だったと思います。

　家族の豊かさは、住宅と家電製品と子どもの学歴で実感されました。郊外住宅に住み、三種の神器（洗濯機、冷蔵庫、白黒テレビ）や３Ｃ製品（カー、クーラー、カラーテレビ）がはいり、そこで育った子どもが親たちの中学卒の学歴を超えて大学へ進学する。マイホームのイメージは、一九五四年の皇太子（現天皇）の結婚や六〇年代のホームドラマを通じて、しっかりと根づいたわけです。

　そこで生まれたみなさんの世代は二人っ子が普通とされ、きょうだいの多かった親たちとちがって、親の愛情を集中的に受けることになります。よい教育、よい学歴をつけさせる、というかたちでそれはあらわれ、受験戦争と言われました。親は必死で教育費を払い、上の学校に行ってほしいという親の期待にそって子どもは勉強に励む。

　こうした近代家族のことを、別名「教育家族」とも呼んでいます。

　これがうまくいったのは、いい学歴といい就職先、いい生活がリンクしていたからで、そのからくりは言うまでもなく高度成長にあります。

　そこに育った六〇年代生まれが、いま親となり、子育て中です。大学へ行かせるぐらいでは愛情の証にならず、早期教育や留学が流行りですが、いい学歴・いい就職先・いい生活がいまもリンクしているかは、わかりません。しかし、生まれたときからそうした愛情表現の仕方しか知らないで育ったので、現在にいたるも軌道修正できないでいるわけです。

愛情イデオロギーの無理軋轢

父親は家族のために一生懸命、働いて給料を運び、母親は家族のために家事に励み、子は親がなにかしてくれるのを当然に思いながら（親のために）勉強に励む。そのなかで、多少のコミュニケーション不足があっても、モノ的に豊かになっている最中には、ささいなこととして片付けられたり、お互いのことを「愛情がある人」として信じることができたのでしょう。

しかし、豊かになってしまうと、お金やモノで愛情を表すことは感覚的に無理になってくる。贅沢になったといえば贅沢になった。そういうなかで、『日本一醜い親への手紙』のような親への感情が出てくるのは、コミュニケーション不足ということもあるし、モノ以外を求めて家族に過重な期待をした裏返し、ということもいえるでしょう。そもそも昔の家族には、コミュニケーションなどなかったのですから。家業の世界ですから仕事の話はしても、おたがいの人格的交流なんてするわけない。

第一、一つ屋根のしたで近くにいてコミュニケーションすれば、相手のいやなところは見えてくるし、自分の思うとおりにならないことばかり出てきます。それをどう解釈するか、です。

それはあたりまえのことだと思えればいいのですが、愛情イデオロギーにとらわれているために、家族に生じるマイナスのことは家族が理想的な状態ではないからだと解釈し、理想的な家族の追求に自分をかり立ててしまう。よき親・よき子・よき夫・よき妻であろうと努力し、自分が非難されないためにも、理想的な家族を演じようとするわけです。

そのことで近年ブームになったのが、アダルトチルドレン（AC）です。

ACは、もともとはアメリカで、アルコール依存や精神病の親のもとで育った人たちが、子ども時代に癒されなかった傷をかかえている自分たちのことを指して使いだした言葉ですが、日本では親との関係が原因でうまく生きていけない人、といったような意味で使われています。最近、自称ACだといってカウンセラーを訪れる若い人が増えて困っている、という話を聞くほどです。

家族に期待しすぎているから、こうした日本的ACも起こってくるのでしょう。

先日もあるタレントと対談したときに、いきなり「私、アダルトチルドレンでした」とか言われて、そうかなあーと思ったのですが、だれだって親にたいしてかならずしもいい思いをしているわけではない。親のせいだ、親のせいだと言われても、困るのです。親の言うことに逆らえなかったといっても、子どもはそんなものですから。これも愛情イデオロギーにとらわれて、どこかに理想の家族を想定して、自分がそれに達していないといって自分を責めさいなんでいる一つの例です。

ACがブームになったのは、母性愛強調の日本的土壌に合ったのでしょう。過剰に子どもに干渉すれば「親のロボットにされた」と思うし、干渉しなければしないで「愛されなかった」という思いになる。どっちに転んでも「傷ついた」という意識をもち、自分を被害者の立場に置くことができる仕組みになっているのです。

家族はどこへ行くのか

長期的に信頼できる安定した関係と感じられるものを家族と呼ぶなら、その関係をだれと築くかに、法的な男女の結婚や血縁以外にも選択が可能になってきたわけです。

あるいはそういう関係を必要としない人もいるでしょう。だから家族は「趣味」のようなものだと言ってもいい。同性パートナーで家族をつくるのも、コレクティブハウスでみんなで住むのも、ぜんぜん「あり」でしょう。

政府としては、子どもをちゃんと生み、育てるような家族が一定数あれば、あとはどういう家族形態であろうがかまわない。コレクティブハウスで高齢者が政府に負担をかけずに自分たちでやってくれるなら、ありがたいと思うでしょう。そのための住宅補助やＮＰＯ育成ぐらいは進むでしょうが、むしろ怖いのは、保守派からの「家族のかたちを壊すのか」という攻撃ではないでしょうか。

保守派は、いままでどおりの家族をつくってきた自分たちが否定されていると思うわけです。家族メンバーに愛情を抱くことと、その世話をすることとは、かならず合致しなければいけないものでもない。それを、愛情があるから世話しなければいけないと思うか思わないかが、反動か反動でないかの分かれ道です。

介護の問題などを考えれば、愛情は愛情、世話は世話に分けられるかに、いま来て

二人っ子の組み合わせ

	1	2	3	4
第1子	男	男	女	女
第2子	男	女	男	女

いる。とくにこれから介護に直面する六〇年代生まれは二人っ子世代で、男の四人に三人は長男、女性の二人に一人は（結婚して外へ出れば）実家に子がいない計算ですから、愛情と世話の泥沼にはまりやすいし、それだけ保守派からの攻撃を受けやすい。

保守派は、いままで自分たちがやってきた自己犠牲的な家族が唯一正しいと信じており、他家が家族の世話を外部委託してラクそうに見えでもしたら、許せないと思うでしょう。人は、できれば自分とは違ったかたちの他人の家族が不幸になればいいと思うものです。

こうして家族にまつわる神話を解体して、家族との距離のとり方を考え直す時期にきています。そして、家族をつくりたい人は家族をつくればいい。だれにも、自分を特別だと見てほしいという欲求はあると思います。宗教的なものがなくなった以上、それは人間しかいない。もっとも、最近は神サマに見てもらっていれば安心、という人もいないわけではないですが……。それはともかく、その選択のはばが血縁以外にも広がってきたのが現在です。

しかし、選択の増大は、同時に「選択されざる人」をも生みだします。

児童虐待で逮捕されたある夫婦にかんする報道によれば、妻は新しい夫との関係を安定したものにするために、前夫との連れ子を夫といっしょになって虐待した、ということでした。新しい夫との関係を優先させた彼女にとって、前夫との子どもは選択されない人になった。母は子を保護するものだという規範は、そこでは無力化しているのです。

私はこれを「家族の個人化」と呼んでいます。血縁のような選択不可能な情況のなかで家族が営まれていたときには、みんなあきらめていた。あきらめなくてもよくなったために、家族じたいは残るけれど、家族をつくれない人、家族として選択されない人も出てきた。「恋愛の自由市場化」のなかで「もてない男」の問題が出てきたのとおなじようにです。

だから、選択されざる人についていては、いつかは自分を選択してくれる人が現れるという希望をつくっていくことでしょう。離婚してもこれだけ再婚は盛んにやっていますよ、とか、親に虐待された子どもでも、自分と子どもとのあいだにいい関係がつくれますよ、とか、そういう例をどんどん示していくことです。

家族も、一回失敗したらおしまいだ、ではないのですから。

「ほんとうの家族」幻想から抜けだせ

それで、はじめの問いにもどれば、「親を悲しませたくないからカムアウトしない」とか、「家族をつくらない自分は、間違っているのでは」という意識は、近代家族の愛情イデオロギーに足をとられている姿である、とも言えます。

家族との関係に幸福を求める気持ちは、否定はできません。そのさいに、親に隠していまが良好な状態ならそれを続けるのも一つの方法だし、カミングアウトして親との関係を築き直すのも一つの選択だと思います。

親に理解してもらわなければ、おたがいのいい関係を築けない、家族のなかではほんとうの自分でいたい、というのも近代家族のイデオロギーなわけです。親への隠しごとなど、だれだって腐るほどあるわけで、そのなかでセクシュアリティだけを突出させて考えること自体が、近代の呪縛でしょう。私としては、隠しごとをしていても信頼できる関係はつくれる、というほうをとりたいと思います。

近代家族の呪縛から抜け出す、家族との風通しのいい関係はどうしたらつくれるのか。それは個別的にしか言えませんが、家族をめぐって自分が罪意識を感じたり、困った事態になったとき、それは近代家族的なとらわれではないか、べつの選択肢をとってもいいんじゃないか、と思えることでしょうね。

そのとき近代家族を対象化する社会学の知見は、役に立つかもしれません。こうでなければ愛情じゃない、ほんとの親子じゃない、というとらわれから離れて、そうではなくてもいい関係は築けるだろう、というのが私たちの仕事ですから。

『にじ』も、同性どうし楽しく住んでいる事例をとりあげていったらいかがですか。同性のパートナーとのあいだに、相手が自分を特別だと思ってくれる関係をもちたいと思っている人を、勇気づけるでしょう。

もちろん、そこで幸福そうな顔をしていると、従来の家族を自己犠牲的につづけている人から、嫉妬とバッシングの対象にされるでしょうけど。

二〇〇二年十月十六日、東京学芸大学山田研究室にて

『にじ』創刊3号

エイジング（加齢）の冒険

上野千鶴子（社会学者）

海老坂武（文筆家、フランス文学者）

石川由紀（単身者の生活権を検証する会）

上野千鶴子（社会学者）

フェミがエイジングと出会ったころ
――おんなの運動三十年からの贈り物

日本のゲイムーブメントは九〇年代に始まった

『にじ』は同性愛者メディアではじめてエイジングの問題に取り組んだ、と言われました。エイジング、加齢、年をとること。生まれてきたからには、だれもが歩むこの道程の、どこが同性愛者ならではの問題なのか？

なにゆえ同性愛者とエイジングが、ことあらためて問われなければならないのか？

読者には、まずこのことがご理解いただけないかもしれません。しかし、その背景がわかったら、この国で同性愛者が向き合っている情況の一半がわかったも同然かもしれません。

同性に性愛を感じたり同性と性行為を行なう人は、日本にも大昔からいました（その人たちを、現在の意味で同性愛者と呼ぶのかはともかく）。しかし、同性愛者のネットワークが立ち上がり、広範につながりはじめたのは、一九八〇年代後半のエイズ騒ぎを前史として、九〇年代からでした。その担い手は当時二十代から三十代はじめの若者たち、生年でいうと一九六〇年代生まれの人たちでした。

九〇年代のはじめに女性誌を中心に突然、「ゲイ・ブーム」なる潮流が起こり、メディアでこれまでとは異なる同性愛のイメージや情報が流布します。同性愛者がわにも活発な動きがあらわれますが、若者グループ「動くゲイとレズビアンの会（アカー）」（現・NPO法人動くゲイとレズビアンの会）による「府中青年の家訴訟」と、ゲイであることをオープンにして現在も精力的に執筆をつづける作家、伏見憲明さんのデビュー作『プライベート・ゲイライフ』（学陽書房）の刊行は、ともに九一年でした。ちなみに、アカーの人たちを描いた故井田真木子さんのノンフィクション『同性愛者たち』（文藝春秋、一九九四年）によれば、裁判にかかわったメンバーたちは六五〜六七年生まれ、伏見さんは六三年生まれです。

この時期、各地に同性愛の若者サークルができ、ニューズレターやミニコミを発行し、それを郵送しあい（インターネット以前の話です）、イベントや合宿などで交流を重ねました。若者たちは、「自分は同性愛でいいんだ」「こんなに仲間がいるんだ」という発見に感動しました。〝九〇年代リブ〟とも言われるこの盛り上がりは、若者たちの「自分探し」ムーヴメントであったといえます。こうしたサークルなどに参加しなかったとしても、大衆化した同性愛情報によって、かつてよりも楽に自己肯定が行なえるようになりました。

九〇年代の担い手たちがミドルエイジに

それから時計が十年進みました。かつての若者たちにも四十歳が近づき、その先端部分はすでに四十代に突入しています。いわゆるミドル世代、中年といわれる時期にさしかかりました。

九〇年代の若者たちは、ゲイやレズビアンというアイデンティティを肯定的に受け入れ、一生をゲイやレズビアンとして生きていこうと思っています。上の世代のように、ある年齢が来たら同性愛を「卒業」して異性と結婚する、というライフスタイルをとらない。いまも異性と結婚を強いられる同性愛者はけっして少なくはありませんが、社会の非婚化ともあいまって、四十代でもシングルのままでいて奇異ではなくなりました。

　表面上は自由に生きられるようになったゲイ・レズビアンに、そのときふたたびのアイデンティティ・クライシスが訪れています。

　すなわち、ゲイ・レズビアンとして生きるとは言うものの、同世代の異性愛者が結婚をし、子どもをつくり、育て、小さいながらも一国一城の家庭を築いているのを見るにつけ、自分はなにを手にしているというのか。

　子どもをつくらない自分の老後は、どうなるのか。

　加齢とともに「若さ」を失うとき、自分は同性愛者としてどんどん価値が減ってゆき、「お呼びでなくなって」いるのではないか。なぜなら、同性愛とはとにもかくにも性愛に根ざしたコミュニティであり、「若さ」が大きな価値をもつから。

　そもそも「自分探し」「自分肯定」で熱くなれた季節を超えて、中年からの長い人生の後半――しかも同性愛者として――を考えた場合、なにをテーマとして生きていくのか……。

　こうした意識が同性愛者のあいだに見られるようになったのが、二〇〇〇年代初頭の日本のゲイコミュニティの情況でした。とくに九〇年代後半に活発になったクラブカルチャーや、若者中心的な新しいゲイ雑誌などの影響を受けてアイデンティティを形成してきたゲイ男性は、若さの喪失への抵抗感が強いようです。

　この「エイジングブルー」は、いわゆる「フォーティーズクライシス」「負け犬症候群」の別種パターンなのかもしれません。しかし、それを克服しようとしても、同性愛者の場合、九〇年代世代からカムアウトが始まったこともあって、それより上の世代に加齢のお手本がなかなか見あたらないのです。

かつての九〇年代世代は、自身の加齢のなかで、自力でミドルエイジからの姿をつくり出す課題に向きあわされています。

フェミはエイジングとどう出会ったか

さて、この問題は女性たちのなかでは、フェミニズムの運動のなかでは、どう問われてきたのでしょう。七〇年代のウーマンリブのなかで覚醒した女性たちは、年を重ねるなかで、なにを思い、どう動いたのでしょう。

そう思って、上野千鶴子さんの研究室を訪ねました。

それはじつに、上野さん一流の挑発と、そしてヒントに満ち満ちたメッセージでした。

「ゲイには、若さとか強さとか美しさの価値への志向があるから、それを失う加齢はたいへんおつらいだろうとお察し申しておりました」

そう言って、カンラカンラと笑う上野さんが開陳する女たちのこの三十年。「子のない女の老後」「家族を超えた老後」「おばさんの思想／娘さんの思想」「目のまえのニーズに、手探りで取り組む」……。女たちはつねに目のまえの、待ったなしの課題に、それこそ髪振り乱し、爪先走りして取り組み、みずからに必要なものを、みずからの手でつくり出してきた。

この「当事者主権」が同性愛者コミュニティではどのように育っていくのか。上野さんから大きな宿題をもらったような気がしています。

前号（第七号・特集「四〇代からって、いいじゃん――「同性愛者とエイジング」」。巻末目次参照）を見ましてね、あなた（聞き手・編集子）はまだ四十代になりかけでしょ。エイジングって遠いんだな、というのが印象です。フェミニズムとエイジングについて聞きたいなら、本当は私より二十歳年長の人に聞くべきでしょう。ただ、私はフェミニストのなかでは比較的早い時期からエイジズム（高齢者差別）という問題に注目した人間ですし、近年は要介護世代である八十代女性の話を聞いてきました。でも、他人の経験と自分の経験は違います。エイジングとかエイジズムは「せ・つ・じ・つ」に自分の経験になった人に聞くのがいちばん。

私の場合、エイジングへの関心の動機はたいへんハッキリしています。「子どものない女の老後はどうなるか」。これはゲイと共通していますね（笑）。

伏見憲明さんやあなたがた、中年にはいりつつある世代は、これから親の介護に直面しようとしている。私たちの世代（五十歳前後）はいま、親の介護をしながら、いわば老後の先取り体験をしています。私の場合は、自分が要介護状態になったとき、子どもというオプションがないことをしみじみ感じるわけ。

これは、そういう私からゲイ・レズビアンへの、連帯のメッセージです。

あるレズビアンに教えられたエイジズム

私がエイジズムという言葉と出会ったのは、一九八二年、私がまだ三十代の半ばでした。アメリカの全米女性学会の会場で、バーバラ・マクドナルドという、当時七十代のレズビアンが、「フェミニズムにおけるエイジズム」という、ひじょうに激しい告発型のスピーチをするのを聞いて、衝撃を受けたのが最初です。それはバーバラさんから女性運動への公開状でした。曰く――

＊高齢女性は、あなたがたの役に立つために存在しているのではありません。また、あなたがたが私たちの役に立つと思ってもいけません。

＊高齢女性に「あなたは楽しいし、根性があって、生き生きしていますね」などと言うことが、その女性をほめていると思ってはいけません。高齢女性を拒否することに手を貸したことになります。

＊年をとっているからといって、差別意識がないわけではありません。私だってあるかもしれな

うえの・ちづこ　1948年生まれ。社会学者。現在、東京大学大学院教授。日本の女性学を手弁当で育て上げた1人であり、言わずと知れた現役ばりばりのフィールドワーカーにして代表的理論家。同性愛については90年代初期の掛札悠子や平野広朗からの批判によく応え、強制異性愛という共通敵にたいし、同性愛者と、あるときは共同戦線をはり、あるときはその不徹底を手厳しく指摘する。遥洋子により伝説化された多読ゼミの峻烈さと、東大内「異界」の居心地よさを慕って集まる研究室の学生には、オープンリーな同性愛者／非異性愛者も多い。近著に、『ナショナリズムとジェンダー』（青土社）、『国境お構いなし』（朝日新聞社）、『サヨナラ、学校化社会』（太郎次郎社）、『当事者主権』（共著、岩波新書）など。

い。

これは若さを尊重するアメリカ社会の、年をとっても元気で、有用で、いつまでも若々しい老人イメージに、アンチを叩きつけるものでした。私はそれを聞いて、当時、自分が連載をもっていた雑誌『朝日ジャーナル』にその翻訳を載せたいと思い、その場でバーバラさんに版権交渉をしました。そのとき私は三十代の半ばで、自分が老いを自覚したという経験だけでなく、高齢者が自分の尊厳を求めて、顔と声をもって私のまえに現れた、そのことに鮮烈なショックがありました（バーバラ・マクドナルド『私の目を見て』、寺澤恵美子ほか訳、原柳舎、一九九四年〈原著は一九八三年〉）。

それから十年たって、高名なフェミニストのベティ・フリーダンが『老いの泉』上下（山本博子ほか訳、西村書店、一九九五年）を書きました。それは「前向き」に生きている高齢者とか、まだまだ社会の活力になりそうな高齢者を紹介して、高齢者のステレオタイプを打破する、「わかりやすい」メッセージでした。これはアメリカのフェミニズムが、「We can do it all」男にできることは女にも全部できる、と言いつづけた延長でした。

私はフリーダンには惹《ひ》かれず、バーバラさんの主張に深い衝撃を受けました。それは私のキャラだといえばそれまでですが、私は「虚弱児のフェミニズム」をだいじにしたい。他人様は私のことを「そこのけ、そこのけ」な女とお思いかもしれませんが（笑）、私は子どものころから蒲柳《ほりゅう》の質でカゼを引きやすく好き嫌いが多く、過保護で育ち、がんばりがきかず汗かくのが嫌い、忍耐力がない、努力が嫌い、なんでがんばらなきゃいけないのと思っていた人間です。三十五歳で徹夜が――徹マン（徹夜のまんこじゃなくて、徹夜麻雀のことですよ）が、できなくなった。

だから、アメリカのフェミニストが、「男にできることは女にも全部できる、おまけに男にできない妊娠・出産もできる」と言うのにたいして、「おい、おい、それでいいのかよ」という思いがあったんです。いかにもカウボーイ・キャピタリズムのなかのアメリカ流フェミニズム、ですよね。『老いの泉』は、フェミニズムが送るアンチ・エイジズムのメッセージとしては、わかりやすすぎるぐらいわかりやすい。でも、本当は「老いても若々しい」という考えは、エイジズムそのものです。そういう考え方をしていると、老いたときに自分で墓穴を掘る結果になります。私はバーバラさんのメッセージに、心を動かされました。その詩のような文章を読むと、いまもそのときの彼女の、小柄で真っ白な髪の顔と声が浮かびます。

高齢者はなるほど弱く、衰えて、無能だ。でも、それでなにが悪いの。そのことで私はだれかに従ったり、プライドを捨てなければいけないわけではない。バーバラさんは、そう言ったのです。

私のフェミニズムの原点もここにあります。

家族を超えた老後を女たちは探した

私のまわりのフェミニストたちを見ていると、「生き方がうま

千鶴子の落ち穂拾い　1

バーバラさんは「若い人が私のところにテープレコーダーをかかえて話を聞きにやってくる。しかし、彼女たちは私の現在にではなく、過去にしか関心をもたない」と言いました。私も学生に「おばあちゃんのライフヒストリー」を聞いてくる課題を出したりしてきましたから、内心忸怩たる思いです。最近、私も年をとってきて、日本の女性運動および女性学の生き証人になりつつあるので、私のところへも、回顧モードのインタビューが来るんですよ。そういうときにはバーバラさんの言葉を思い出して、意地悪に「言ってやるもんか」と思ったりね（笑）。

いなあ」と思う人がいますね。自分の周囲、半径三メートルぐらいは気持ちよくすごそうと努力し、そういう人間関係をきちんと作りだしてきた。その実績と甲斐性もある。世の中、小泉政権は続き、イラクに自衛隊が出征していくが、私ひとりが日々機嫌よく生きていく空間と時間ぐらいは確保してきたよ、そういう人たちがいます。

その人たちは、レズビアンであれヘテロ（異性愛）女性であれ、家族に頼らない、家族から脱した老後を考えています。これはとても大きいことだと思う。

「老後は家族で」という幻想は、ヘテロ男にものすごく強いのです。五十代の人に「子ども世帯と同居したいか」と聞くと、男はイエスが圧倒的に高く、女は少ない。でも、そのイエスは、リアリティがないイエスです。実際に子世代と同居したらなにが起きるか、ほとんど想像力がない。自分は家長だという意識と家族幻想から、子世代と同居するとかんたんに言うわけです。しかし、女たちは、いっしょに暮らすと起きるだろうもろもろを予見できるリアリストです。だから彼女たちは、かんたんにイエスを言わない。家族が日本の女を縛ってきたのだから、老後ぐらい家族から解放されたい、という思いです。

では、家族を超えた老後を、具体的にどう実践するか。そのパイオニアであり、一つのモデルケースが、日本のフェミニストのなかでは最高齢のひとりで、かつレズビアンである小西綾さん（故人）とそのパートナーの駒尺喜美さんのカップルです。小西さんと駒尺さんは二十歳以上、年齢が離れていたから、小西さんの老後にたいして駒尺さんはとても責任を感じておられて、早い時期から大阪のウーマンズハウスとか、伊豆の友だち村とかのコレクティブハウスを、着々と実践してこられました。

長寿社会文化協会の高橋英與さんという建築家――彼は日本におけるシルバー・コーポラティブハウスのパイオニアですが――を早い時期に見いだして、クライアントと専門家のタッグを組み、ノウハウを積み重ねてきました。パイオニアたちの三十年にわたる種まきとノウハウの蓄積があって、そこに介護保険など「時代」が追いついてきたのです。それはたいしたものです。

もちろん、女たちは、七〇年代のリブのなかで、最初から老いの問題に関心を寄せてきたわけではありません。当時はみんな若くて、元気で、無鉄砲でしたから。でも、そのなかでも先輩だった駒尺さんは、さらに二十歳年上の小西さんを見て、老いを先取り体験なさったのでしょう。人間はそんなに想像力のある生き物ではないので、その事態にならないと気づかないことがいっぱいあります。フェミニズムも当事者が年齢を重ねるごとに、子育てから介護、そして自分自身の老いへと、関心の対象が移っていきました。問題に直面するたびに先行の世代が無我夢中で模索し、それが後からくる世代に貴重なロールモデルとなっていったのです。

その点で、ゲイのなかで、七十代・八十代の人で、老いのロールモデルになる人はいますか？

もちろん、老いたらコレクティブハウスで楽しく暮らす、とみんな口では言うでしょうが、そこに男女のジェンダー差が出てくるでしょう。コレクティブリビングは女を中心にするとうまくいく、と経験的に証明されています。しかし、男だけのコレクティブリビングを計画した人も実践した人も、ましてうまくいったケースも、聞いたことがない。レズビアンとフェミニストの老後のコレクティブリビングは比較的、実現可能性があるが、おなじアイデアはゲイにとって可能でしょうか？　ましてヘテロ男は、男だけで暮らすなんて夢にも思わないでしょうね。

高齢シングルのヘテロ男で、比較的機嫌よく暮らしておられるかたは、まわりに女性が多いのですよ。さる高名な詩人のかたも、「ぼくは女系家族で育ちましたから」とおっしゃって、なんだかんだでかまってくださる女のかたが途切れません。そういうことを生き甲斐にする女性もいるので、ヘテロ男で愛嬌があれば（笑）、なんとかなる。愛嬌のある老ゲイは、おこげ（ゲイ好きの女性。「お釜」にくっつくの意）にかまってもらえるのかしら？

え、ゲイの老後には、これといってロールモデルがないのですって？　それは困りましたねえ。レズビアンと一緒に住む？　彼女たちが嫌がるでしょう。なにが悲しくて、あんたたちの面倒みなきゃいけないの、って。結局、女のほうが家事や介護を担うことになるでしょうから。だから、シングルの老後はコレクティブリビング、って決まり文句ですが、七号を見ても、それはまだ切実さの度合いが少ないという印象です。

老いのまえに中年をどう生きる

でも、ゲイの人たちも、老後のまえに中年を迎えて、加齢の現実をひしひしと受け止める日々が訪れているわけですね。加齢の過程で、それまでもっていた「美しさ」とか「たくましさ」、「若さ」を失っていくわけですから。

フェミニズムはさまざまなメッセージを送ってきましたが、「男に選ばれないのは、女ではない」という女性性の定義に対抗してきました。「ブス」も「美人」も、経済的に自立しているかどうかも関係ない、結局は男に選ばれることが女の存在証明とされているのが強制異性愛社会です。これが当節の「負け犬論争」ですね。それにたいして、「男に選ばれなくても、私は私」。これがフェミニズムのメッセージです。

私はこれをもっとかんたんに、「おばさんの思想」と呼んでいます。世の中には「娘さん」と「おばさん」がいる。年齢ではありません。「娘さん」とは男に受けたいと思いつづけている女。だからいくつになっても林真理子は娘さん。「おばさん」とは、男に受けようと思わなくなった女です。男に受けようと思わなければ、こんなにラクなことはありません。それで男もおやつだと思えば、ときどきつまみ食いするのも楽しい。そんなものでしょ。

ゲイには若さとか強さとか美しさの価値への志向があるから、それを失う加齢はたいへんおつらいだろうとお察し申しております（笑）。一般に、女にとっても若さは価値だから、女は老いを喪失として強く体験すると言われていますが、おばさんパワーがこれだけ出てきたおかげで、若さの価値の相対化がすすんできました。

人生のピークを何歳とするか、おもしろい調査があります。七十代以上の人たちに、もし可能なら自分の一生

千鶴子の落ち穂拾い　2

三島由紀夫は、ついに老後を経験せずに亡くなりましたね。でも、40代ぐらいからは、ある種の加齢を感じていたと思います。彼のゲイとしての辛さはなににあったのか。タチとネコじゃないんですが、抱きたいゲイと抱かれたいゲイがいるでしょ。私の推測なんですが、三島はどう見たって、抱かれたいほうですよね。加齢とともにね、そのポジションが難しくなるということはありませんか。（フケ専の対象になる手もありますからねえ。）あ、そう……。三島は老いを拒絶していった感じがありますね。いちばん最後の四部作は『天人五衰』、タイトルに「衰え」って言葉がはいってるんですよ。書けなくなったみたいなことを言う人もいたし。体力も能力も、衰えはいろいろな意味での衰え。断ち切るような死に方でしたね。

のうち何歳に戻りたいかを問うたんです。男女とも、二十代は出ませんでしたね。私もあんな真っ暗闇の時代には戻りたくない。「二十歳がいちばん美しいとは誰にも言わせない」（ニザンの小説『アデン・アラビア』の有名すぎる冒頭句。上野さん世代の必読書）、私も古いわね（笑）。

ピークがふたつあって、一つは三十代、もう一つは五十代なんです。三十代は気力・体力・知力が充実し、女も女盛り。そして五十代は男にとって地位のピークです。ゲイも男ジェンダーの価値——強さ、たくましさ、男らしさ、肉体など——が強く刻み込まれていると思うので、マッチョ志向なゲイの加齢は悲惨でしょうね。

若さの価値にコミットすればするほど、それを喪失したときの傷は深くなる。かえって、「あんなもん、なんぼのもんや」と思ってきた人は、喪失感を味わわずにすむ。価値とか規範って、魔法の呪文だから、それに呪縛された人ほど、自分自身が引き裂かれます。すべての人に平等に訪れる加齢という現象は、差別の問題を考えるうえで、とても示唆深いと思うのです。

日本の男は、やはり老いの問題を拒絶してきたのでしょうね。「女という生きものは、よく老後なんて想像できるものだ」という反応をした男性もいました。自分自身が要介護になっても、妻がなんとかしてくれるだろう、と期待しているヘテロ男は多い——これは妻依存の延長ですね。

介護、共同保育、「待ったなし」で取り組む

女たちは加齢のなかで、そのときそのときの、目のまえの、切実な、待ったなしの課題に、取り

組んできました。

中年の女たちにとっての課題は、「介護」でした。私は、そうやって介護に取り組まざるをえなかった女性たちと、共同研究をつづけてきました。それは草の根の福祉市民事業体の担い手たちですが、彼女たちは介護保険が始まるまえから、介護サービスを地域に提供してきました。

認知症の老人や重度の要介護老人を抱えた女の人たちが、公的な福祉制度の実現を待っていられない、ニーズは目のまえ、待ったなしの状況のなかで、手探りでつくり出した事業体が地域にいっぱいあります。初期はもちろんボランティアでしたが、それがやがて雀の涙ほどの有償ボランティアになり、軌道に乗りかかったところで、介護保険がいっきに経営的な安定をもたらしてくれました。

調査によれば、担い手になった女性たちには、ハッキリした動機がありました。介護の経験がみずからにあること。その介護に大きな悔いがあること。自分が介護されるときには、同じ思いを子世代にさせたくないこと。そして、いま自分が提供しているような介護サービスを、自分も利用者になって使いたいこと。

私はこのような具体性と実践性が女の運動にはあると思って、いっしょに取り組んでいるのです。

介護に取り組むまえは、子育て世代の女たちは、共同保育の運動に取り組みました。いつもいつも、生活上の現実的なニーズが目のまえにあって、待ったなし、でも、制度の充実を待っていられないとき、女たちは手探りでなにかをつくり出してきたのです。

同性愛者コミュニティには、いま、どんな、待ったなしの課題がありますか。だれが、それに向きあっていますか。ドメスティックパートナー法だの同性婚法だのが、百年待ってもできるかどうかわからないときに、具体的な同性パートナーシップの権利保障や、中高年からの同性愛者の暮らしを、どうやってサポートしていきますか。成年後見制度ができて、自分の財産処理などを第三者に委任することはできるようになりましたね。その制度を、どう使いこなしますか……。

自分たちに切迫したニーズがあり、制度の充実を待っていられないとき、自分のニーズを自分たちで満たそうとサービスを提供していったのは、障害者の自立生活運動もそうでした。有料介護者派遣、ピアカウンセリング、自立生活プログラム、住宅改造の斡旋《あっせん》などを軸に、障害者がコーディネートしたサービスを、おなじ障害者に提供する事業を立ち上げてきました。同時に、行政に障害者支援制度の充実を求め、障害者は行政から支給される介助料を使って、自分の自立生活に必要な介助サービスを、自立生活センターに依頼する、そういうサービスの需要と供給の循環ができていきました。それは運動体であり、同時に事業体でもありました。

運動体と事業体の違いはかんたんに定義できます。動くとカネが出て行くのが運動体、カネがはいってくるのが事業体（笑）。こういうリアリズムは、たいせつですね。あと、運動は人と情報を動かしますが、事業は人と情報に加えて、さらにカネとモノを動かします。人と情報は、タダでも動きます。でも、カネとモノを動かすときには、権利と義務の契約関係が発生し、責任がともないます。そうすると、個人や任意団体では限界があります。法人格や組織が必要になってくる。NPO法ができて、任意団体が法人格をとれるようになりました。社会の文脈のなかで、運動自体も変わってきます。

女たちは世代間の継承や伝達をどうしたか

もちろん、女の運動では、障害者の自立生活センターみたいな事業体化は、そんなに多くなかったかもしれません。子育てのニーズが終われば、あれほど各地にあった共同保育は、世代交代によって自然消滅しました。でも、当事者は自分の問題を解決するためにやったので、世のため人のためにやったわけじゃない。

「継承」の問題を、フェミニズムはしょっちゅう問われます。フェミニズムはつぎの世代の女に伝わってない、伝えようとしてないじゃないかと。しかし、継承とは、切実なニーズのある人が、先行の世代の背中を見て学ぶことなんです。こちらに向きなおって、あれこれ教えてもらって、はい、伝わりました、ではない。

あとの世代は、まえの世代が言ったことからではなく、やったことから学びます。しか

千鶴子の落ち穂拾い　3

（弱さを受け容れるのは）難しいもへったくれもないんですよ。加齢は、否応なしに重力のごとく人を衰えさせていくわけです。私ぐらいの年齢になれば、日に日に、ですよね。私は衰えゆく人への関心が比較的強い人間だったので、よく見てたんです。昨日より今日、半年まえより現在、そして１年後。以前にできたことができなくなる。かつて威張ってた人が、それができなくなるプロセスを見るわけでしょ。家族のなかでも権力関係が変わっていく。オールマイティに見えた親が、そうじゃなくなっていく。ざまあみろという気持ちはないわけじゃないですよ、私、人が悪いし。でも、明日はわが身でしょ。加齢がマイノリティ差別と違うのは、マジョリティは自分がマイノリティになる心配なく、マイノリティを差別できるが、加齢にかんしてだけは、それができないこと。これが突破口になる。それがイヤなら、夭折するしかない。若いままで年齢をとらない自分の記憶を他人に留めておいてもらうしかない——といったって、いずれ忘れられるだけですけどね。

も、自分自身がニーズを切実に感じ、答えを求めている人だけが学ぶのです。いまあるノウハウは、そのときそのときの自分たちのニーズを解決するために、先行の世代が時代の文脈のなかで編み出したものです。時代の文脈が違えばべつな選択肢もある。応用はきくかもしれないが、そのまま使えるわけではない。学ぶのはあとの世代の問題で、私たちに伝える責任はない、そう言っていいと思うくらいです。

もちろん、「行政フェミ」は女性センターなどで初心者講座みたいなことをやって、そこから育った人もいます。でも、当の私たち自身は、そんな後ろを振りむく余裕などありませんでした。女たちは子育てが終われば、つぎは介護。それが終わればつぎ……。私が敬意をもって見てきた人たちは、そうやって目のまえの課題に本気で取り組みつづけた人たちでした。

ピアカウンセリングや自助グループは、いま

障害者の自立生活センターが提供するピアカウンセリングについて言うと、これはもともと女たちの運動のなかで行なわれたＣＲ（コンシャスネス・ライジング＝意識覚醒、自分を語るグループセッション）や、フェミニズム・カウンセリング（通称フェミカン）に源があります。障害者のピアカウンセリングを聞いたとき、それって私たちがやってきたことじゃん、と思ったものです（ピアとは、おなじ、仲間の、の意。専門家ではなくおなじ立場のものどうしが話を聞きあう手法）。

フェミカンは、八〇年代に自治体での女性センター創設ブームがあり、そこで相談事業が目玉と

され、フェミニストカウンセリングの研修をうけた人たちが、女性センターに雇用されていきました。そういう事業化・有償化はあった。ただ、それで生活できるわけではありません。安上がり市民参加で、非常勤、嘱託、一年契約、再契約は三年限りなど、女性センターには女性の就労の矛盾のすべてがあるとも言われています。雇用の創出は果たしましたが、そこには功罪二面性がある。でも、それでフェミカンがいちおう根づきました。レズビアンたちも、グループセッションやウーマンズ・ウィークエンド（合宿式の交流会）などで、それらを活用していますね。

男性向けのピアカウンセリングをやるとしたら、メンズセンターのような施設を作っていく必要があるんじゃないでしょうか。しかし、諸外国のメンズセンターの展開にくらべて、日本ではそのニーズも、制度化も、動きが鈍いですね。

ゲイの人は、（新宿）二丁目がメンズセンターの役割を果たしているのですか？　でも、風俗関係はCRをするところじゃないでしょう。九〇年代、たとえばアカーなどで行なわれていたCRは、いまはどうなりましたか。広がりましたか。逆説的な言い方ですが、嗜癖や摂食障害など「病理化」された人は、むしろそれをてこに自助グループを形成してきました。ゲイは、同性愛は「病理」じゃない、と言うことで、逆に自助グループをつくる方向を避けてきたのでしょうか。

同性愛者の多くは、この世に自分だけと思っていた孤立状況から、コミュニティを発見し、ゲイアイデンティティを獲得して自己受容する、そういうプロセスをたどるわけでしょう。それを、喉元過ぎればで忘れたわけではないでしょうが、先行世代はビギナー世代に、どうオリエンテーションするのかしら。

十歳年上の人の話を聞くという「戦略」

レズビアン・コミュニティは女性コミュニティと重なっているので、若さ呪縛が少なかったり、暮らし志向が強いようですが、ゲイは男ジェンダーに阻まれているので、女たちの実践をモデルとすることができるでしょうか。アメリカでも、ゲイは年を取らない永遠のフェアリー（妖精）と言うそうですが、ゲイだってご飯も作るでしょ、病気もするでしょ、年もとるでしょ。親の介護もかかってくるし、逃げられないでしょ。ゲイの人たちって、その日ぐらしで快楽的に生きてるのですか？　ゲイのエイジングなんて、きっと見たくない現実でしょうね。

でも、ゲイのエイジングにロールモデルがないと言うまえに、立派でなくても成功例でなくてもいい、ゲイのおじさんやおじいさんたちを探して、会って、話を聞いてくることだと思います。あなたたちが九〇年代に言ったような、ゲイプライドとかゲイアイデンティティとは異質な自己形成をした人たちでしょうが。

私は個人的な戦略として、つねに自分より十歳年上の人の話を聞いてきました。人間の想像力は、一気に三十年とかには及ばないけれど、十年ぐらいならなんとか届きます。私にとって年長の女友だちは、とてもとても大切なものです。私には何人か、マイ・グレイト・レイディーズと呼ぶべきかたがいらっしゃいます。私はプライドをもって、フェミニズムには加齢のロールモデルがある、と言えます。ピアカウンセリングの年齢差バージョンみたいなものですね。

私だって、年齢《とし》をとるのは不安でした。未知の世界ですから。でも、年長の女性の話を聞くうちに、不安がなくなります。それに、人それぞれだということがわかる。だから、期待が高まる。「ああ、そうか、これから先もいろいろ新しい経験があるんだ」ってね。

四十代になりたてのときに、ある五十歳の女性が、「五十になったらラクになるわよ」とおっしゃったのも心に残ってるし、べつな女性が「そうねえ、その年齢にはその年齢なりの辛さがあるわねえ。四十代には四十代の辛さがあったし、五十代には五十代の辛さがあるわねえ」とおっしゃったのも、忘れられない言葉です。言葉にすると平板かもしれないけど、それを目のまえで生で言われると、ずしんときます。「そうか、ラクになるとは限らない、つらさの質が変わるんだ」って。

え、蔵出しで、もっと話してください、って？　もったいなくて話せませんよ（笑）。

五十代の女性でボーイフレンドを二人もっていて、一人が年上、一人が年下。「どちらもいいわよ」っておっしゃったかたもいるし、気がついたら職場の男たちがみんな自分より年下の「男の子」になって、日本ではジェンダーより年齢のほうが

千鶴子の落ち穂拾い　4

介護職にはいっているゲイの人、多いの？（ただの実感です。）なぜ？　脱男性化されてるから、これまで女の仕事とされていたことに抵抗がないとか？うそでしょ、ゲイが男性ジェンダーから脱男性化されてるなんて、信じない（笑）。若い世代にはゲイに限らず福祉職を志望する人、多いですよね。ゲイだと身体接触に抵抗がない？

それに関係志向とコミュニケーション・スキルがゲイは普通の男より高いとか？　だって、ヘテロセクシズムはお約束のパフォーマンスをしていれば、男であること・女であることが可能ですから。（ゲイにも関係鈍感なのもいるでしょう。）じゃあ、私もゲイ幻想をもっているのかしら（笑）。セクシュアリティにお決まりのシナリオがなければ、関係コンシャスにならざるをえないだろうと思ったんだけど。だって、ヘテロセクシュアルなんて、お約束の世界だもの。伏見憲明さんが「男制・女制」という言葉をつくって、男制が女制と寝てるって言ったのは、けだし名言でした。

上下関係を規定するので、「こんなラクなことはない」と微笑んだ五十代の女性もいました。

七十代で自分の家を畳んで、ケアつき有料老人ホームへ早めにはいったある女性は、毅然としたプライドの高いかたで、「ここだと、可愛くても可愛くなくても、お世話してくださるの」とおっしゃったのも、印象に残っています。世間の「可愛いお婆ちゃん」みたいな媚び売り路線を蹴っ飛ばす、じつにりっぱな言葉でした。私はこれを講演で紹介して、「私は可愛げのない女で売ってまいりました。いま可愛くない私が、将来、可愛くなるわけがありません。でも、可愛くても可愛くなくても、お世話していただける、これが介護保険というものです」と言うと、ウケます（笑）。

私は可愛くない婆さんになる日を、楽しみにしています。それがいちばん最初にお話したバーバラさんの言葉につながるものだと思うから。


二〇〇四年二月二十七日、東京大学上野研究室にて

『にじ』八号

海老坂武（文筆家、フランス文学者）

中年とシングルをめぐる十の断章
——結婚をしなかった人間からの人生論

ミドルエイジ・ゲイたちの存在的不安

前節で述べたように、九〇年代のミドルエイジブルーを、作家で、ゲイでもある伏見憲明さんは、小説『魔女の息子』（第四十回文藝賞受賞、河出書房新社、二〇〇三年）のなかで、主人公につぎのように述懐させています。

主人公である四十歳を控えたゲイのフリーライター、和紀は、姪の小学校の運動会に来ています。

ここに来ている親たちというのは、僕と同世代か、あるいはもっと年若い連中かもしれない。僕の視界に入っている彼らはみんな、いいお父さんやお母さんでしかないのだが、実際のところ、端からみたら僕も彼らと変わらないはずだ。

いつのまにそんなに自分が年を取ったのかと、摩訶不思議《まかふしぎ》な気分になって、洗面台の鏡を覗き込んだ。

僕は悲鳴をあげそうになった。いや、もしかしたらあげていたのかもしれない。
その鏡に映っていたのは、少し疲れて脂ぎった、ただの中年男の顔だったのである。

……中略……

これまで僕は、季節のない河にボートを浮かべて、オールを漕いでいるつもりになっていただけなのかもしれない。子供もなく、共に年を重ねていくパートナーもなく、ただ欲求を処理するだけの日々には、今という永遠しかなかった。それは、家族という時間を営む人々の世界の外に住まうことだったのだろう。

ここで「季節のない河」という言葉が出てきますが、伏見さんはべつのエッセーのなかで、「ゲイには人生の春夏秋冬がない」という言い方もされています。
恋愛、結婚、出産、子育て……。それは次世代を再生産するための不可欠な営みであると同時に、人生を埋め、時間に刻み目をつけ、自身の存在理由を確認するための人類の知恵かもしれません。
では、そうした人生の春夏秋冬をもたない同性愛者は、なにをもって人生を埋め、どのようにして自身が生まれてきた理由を納得し、やがて生を終えるのでしょうか。もう結婚をして異性愛者のなかに紛れてしまう道へは戻れないのですから……。

いま、社会に普遍的なシングル問題

しかし、「家族という時間を営む人々の世界の外に住まう」ものは、なにも同性愛者にかぎりません。昨今の「負け犬」ブームではありませんが、非婚時代の三十代や四十代、五十代シングル、バツ一、バツ二時代の出戻りシングル、超高齢社会での死別シングルが、現在、見えないマジョリティとなりつつあります。

シングルとして中高年、さらには老いを生きるとはどういうことか。高齢同性愛者のモデルケースがいればお話をうかがってみたかったのですが、ここではちょっとからめ手へ回って、海老坂武さんに話を聞いてみました。

海老坂さんは、一九八六年に『シングル・ライフ』という本を出されて、それまでの「独身」にかわってシングルという言葉を定着させた第一人者です。一九三四年生まれ、現在、七十二歳。伏見さん風に言えば人生の春夏秋冬がない人の年取りについて、シングル、非婚の立場から語りだされた海老坂さんの言葉は、なかなか滋味深いものがありました。

「老いることがなぜ怖いか」「年はまわりから取らされる」「残された時間を数えだす」……。詳細は十の断章のかたちで整理した本文をお楽しみいただくことにして、最後に「では、結婚しないで生きる人にとって人生の春夏秋冬、成熟とはなんでしょう」と聞いてみました。そうしたら先生、「自分は成熟というコトバは嫌いで、つねに進歩していたい人間だ。これは老いを受け入れてないのかもしれない。自分は、春夏夏夏、突然、冬だ」と大笑された。そして、「いまは一人でいる寂しさに慣れた。時間が限られてからは自分の仕事に追い立てられて、寂しさを感じているヒマがない。いま感じているのは死の寂しさで、それにくらべれば一人でいる寂しさなどたいしたものではない」と喝破されました。

ここまで吹っ切れれば、むしろお見事という感がしたものです。

人生を埋めるためのサークル活動

さて、海老坂さんほどには腹のくくれない凡夫《ぼんぷ》たるわが同性愛者の場合、人生の後半をなにでもって埋めていくのでしょうか。仕事でしょうか。マンションとペットでしょうか。友人との食べ歩きや買い物、海外旅行でしょうか。あるいはジム通いやエステティックなど「アンチ・エイジング」でしょうか。どれをとっても消費拡大と景気浮揚に役立ち、ゲイほど国民経済に貢献している人びとはいない、といえるでしょう。企業が欧米のように「ゲイ・マーケット」に注目しないのは、まったく烏滸《おこ》の沙汰《さた》です。

いま、ゲイのあいだではスポーツ（テニス、バレー、水泳など）や音楽（合唱、吹奏楽、弦楽など）、ダンスなどさまざまな趣味サークル、教師や福祉職などの同職者グループ、エイズ啓発のボランティア活動やイベント運営、こうしたものが盛んになっています。夜の場面以外の落ち着いた活動のなかで仲間とともに趣味を楽しみたい、ときには社会的な問題も考えたい、そして自分が生きていることの意味を感じたい、というモチベーションがうかがわれます。

こうしたことの延長に、毎夏行なわれる東京レズビアン＆ゲイ・パレードには三千五百名の参加があり、春先から二百名以上のボランティアによって準備・運営されています。

人生を埋めるもう一つには、「同性パートナーシップ保障」への関心やそれを求める運動があるかもしれませんが、それについては次節でご紹介したいと思います。

1　老いることが、なぜ怖い？

なぜ、老いることを恐れるのか？　結婚をしない人は、たとえばゲイの場合もそうだろうけど、人間関係のなかでセックスあるいはセックスアピールのもつ部分が大きいんだと思うんですよ。ヘテロの場合は恋愛をしても、恋愛のすえに結婚を考える。結婚をするときに、相手をセックスアピールだけで選ぶ人はいなくて、ステータスがあったりお金があったり、家柄のことや背景を考えて結婚する。全体のなかでセックスが占める割合は大きくないですね。

ところが、ぼくのような結婚をしない人間は、いわば恒久恋愛願望状態ですよ（笑）。そうすると、若さというのが、どうしても大きい。相手にとって自分がセックスアピールがなくなったら……という恐怖感がある。結婚する人間には、それはたぶんないんですよ。結婚してしまえば、いつも自分を若くする必要、若く見られる必要もない。

相手にとって性的対象として見られなくなるというのは、ひじょうに悲しいことで、そういうふうになりたくないと思うのは、当然だと思う。

2　「老年」とはどういうことか

「若さ」が価値をもつのは、どこから来ているのか。なるほど、前近代はたしかに年寄りに価値があったけれど、それは若者文化がなかったからだと思う。若者文化の誕生は、ぼくの考えでは一九六〇年代。ビートルズの音楽、大島渚の映画、などなど。あそこで世代によって文化が違ってきた。

それまでは二十歳の男の未来は五十歳の男だった。世代の文化差がどんどん増えて、若い人間は年寄りを見ながら、あれが自分の未来だと思わなくなるから、年寄りを尊重しなくなるのは当然でしょうね。ヨーロッパでも昔から、年寄りにたいしてひじょうに厳しい言い方をした詩や警句はありますね。年をとるのは敗北であり、転落や墜落である、と。

年をとることは、最終段階では悲惨だと思いますよ。だって、自分で自分のことができなくなったら、悲惨じゃないですか。ぼくの「老年」の定義は、自分で自分のことができなくなること、それが老年。だから、六十だから、七十だから、という年齢じゃなくて、たとえ五十でも自分で自分のことができなくなったら老年だと諦めるしかないし、それは悲惨である、と。ぼくはそれを言葉によって救おうとは思わない。

3　年はまわりから取らされる

年齢相応に振る舞うというのが、いやだったんですよ。日本では年齢は役割と重なります。ある年齢になると、ある役割を果たさなければいけない。「男が四十代にするべきこと」とかいうのが、ぼくは大嫌いだった。年齢不詳な人間になりたかったね。

年齢は対人関係からくるものですよ。相手がぼくのことをいくつに見るかで、自分の年をとっていくんだと思う。会社なんかにいて部下をたくさんもつようになると、彼らに上に見られることで、自分で自分に年齢を与えている。夫婦だけで暮らしている人は、自分たちの年齢をそんなに意識しないみたいね。子どもができ、子どもが大きくなるにつれて、自分の年齢を意識する。それにつれて顔も老けるのかな？

ぼくは大学の教師でしょ。毎年毎年、十八か十九の学生がはいってきて、彼らとつきあうわけ。ところが、十年たったらこっちは十年、年をとっている。そのことに気がつかなかったんだな。このまえまでは新入生とはいくつしか離れてなかったのに、いまは二十歳ぐらいちがっている。あるとき、そうやってハタと自分の年齢に気がついたしだい。年齢は他人からくるものなんです。

そのことが、恋愛関係にはとくにハッキリ出てくる。あるところから、自分がこのぐらいの年齢の人間には恋愛対象にならないことに気がつく、それはひじょうに悲しいことで、なるべく見たくないけれど、見ざるをえない。

それから、年をとると、周囲の人が死んでいく。親が死んでいくと、こんどは自分の番だなと思うし、友人たちが死んでいく。ぼくの世代だと、学校のクラス会に行くと二割ぐらいが亡くなっている。それから自分より若い友人が死ぬこともある。そういうときだね、自分の年齢を感じるのは。

年齢を意識するのは、そういう対人関係のなかで意識していくもので、生理的・肉体的なものというんじゃないだろうと思うね。

4　残された時間を数えだす

ぼくは自分を中年であると意識したのは、おかしいかもしれないけど、五十歳を過ぎてからなんですよ。それまでは年齢で自分を考えるということはなかった。五十を過ぎて、まわりで人が死んだりするようになって、はじめて中年ということを意識した。

中年の特徴ってなにかというと、自分の残った時間を数えだしたときだ

えびさか・たけし　1934年東京生まれ。20世紀フランス文学専攻、一橋大学や関西学院大学で教鞭をとる。86年、『シングル・ライフ』を上梓し、独身にかわりシングルという言葉を定着させた第一人者。文化論、サルトルやファノンの翻訳のほか、『新・シングルライフ』（集英社新書、2000）などシングル論・恋愛論の著作も多い。

ね。それまではね、自分の残った時間なんて考えない。ところが、自分がやってないことをたくさん発見するわけだ。そして、あと何年かかってそれができるだろうと思うと、ふつうの人間は七十か八十のあいだに死ぬだろうと考えたら、残った時間はあと何年なんだろうと思ったところから、中年という意識が強くなったね。それが五十過ぎてから。

それと中年を意識したのは、自分の進歩が止まったんじゃないかと思ったわけ。ぼくはフランス語の教師でしょ。自分のフランス語の進歩がなくなったんじゃないかと思った。ある時期までは、明らかに進歩していると思ったわけですよ。昔、自分がやった翻訳を見て、昔はできなかったなあ、いまはよくわかるなあ、と。それで自分の進歩を発見する。ある時期から、そういう自分の進歩が具体的に測れなくなったんです。こうして話している内容も、昔からぜんぜん進歩してないかもしれないね（笑）。

それで、自分の進歩をなにかで試してみたくて、イタリア語という新しい語学をはじめてみたわけ。語学は、明らかに進歩したかどうかわかるでしょ。ゼロから始めるわけだから。でも、中国語やアラビア語みたいなまったく未知な言語は、挫折してがっくりするといけないから巧妙に避けてですね（笑）、イタリア語はフランス語に近いから、そんな明らかな挫折はしないだろうと。それで学校が休みの夏はイタリアへ行って、夏期講座にはいる。五十二、三のころかな。それを三年間やったんですよ。

そうするとね、やっぱり進歩するんですよ。年をとって語学をやってもダメだというのはウソで、明らかに進歩する。もちろん、やらないと忘れますよ。でも、それで安心をしたところはある。そうやって自分の進歩を測ろうとした、それがやっぱり中年の印だなあと思ったね。

5　四十代、シングルを選びなおす

ぼくは若いころ、人間は個で自由に生きていくのがよくて、結婚などしないでいいんじゃないか、と考えていた。ただ、さまざまな恋愛のなかでは、相手がすでに結婚していたり、遠距離だったりで、結婚しようにもできない、「なしくずしシングル」でいたんだね。

四十代になってだね、そのときつきあった相手との関係で、昔の考えにもどったのは。べつべつに暮らして会いたいときに会う、こういう状態がいちばんいい、結婚をしなくてもいいじゃないかと。それ以来、ぼくは原則派シングルですよ。

よく、結婚は愛しあう二人が苦楽をともにし、イヤなことも分かちあうのが結婚だ、と言うじゃない。ぼくはそれに納得しなかったんですよ。楽しいときだけを分かちあえばいいじゃないか。ぼくはイヤなことがあったとき、それを人に話したくないのね。まして人にいっしょに苦しんでほしくない。イヤなことは自分一人で処理したいと思う人間。

あと、結婚はどうしてもおたがいの家族を背後に見るでしょう。それがイヤだった。

そのときの恋愛相手はそれを納得した人だったし、そのほうが楽だと思ったわけだ。楽と言うと、おまえは楽だけを求めるのかと言われるけど、でも、それでどうしていけないんだと。

あとから気がついたんだけど、若いころから親元を出て二十年以上一人で暮らしていると、一人で暮らす習慣ができちゃうんですよ。それをはずしたくないな、と思いましたね。いっしょに旅行なんかする。そのときはじめて二人暮らしってどういうものかわかる。出かけようというとき、相手が十分ぐらい遅くなったりしてイライラする。買い物も一人ですれば十五分ですむのが、いっしょにやれば三十分かかる。こまかいことだけど、それがぼくはイヤだった。

あるいは、ぼくの部屋はすごい乱雑なんだけど、なにがどこにあるか、ぼくはわかっているわけで、人からとやかく言われたり、ましてや掃除なんかされたくないわけ。あと、ぼくはうちで仕事する人間なので、寝る時間も自分で決めたい。だから、この時間にいっしょに起きていなきゃいけないというのは辛いわけだね。

6　恋多き中年のプラトニックラブ

もちろん、そんな自由とひきかえに、寂しさは甘受しなきゃいけないですよ。失恋しているときもある。いちばん長い時期で、四、五年、「恋人いない歴」があったかな。

そういうときはついつい、知りあった相手と、結婚していっしょに住もうか、とか思いますよ（笑）。年を経るにつれて、恋人対象として選ばれない部類にはいっていく寂しさ、焦燥もありましたし。でも、それには黙って耐えるしかないでしょう（笑）。だからぼくは寂しさに鍛えられたということもある。

そして、恋愛もだんだんプラトニックになっていったと思うね。もちろん、色恋がらみはいっさいやめた、そういうのがぼくの年齢だと多いんですよ。でも、ぼくは恒常的恋愛願望状態だから（笑）、だんだんとプラトニックになって、今日どこそこで見かけた女の子のことを考えてみる、少しでも口をきいて感じのよかった女性のことを考える、とかね。

あとは昔の女友だちと会ったりだね。それは、昔の恋人だったり、恋人未満だったり。会いたい人間がいなくなったら、あんまり生きている意味がないじゃないですか。そういう人は、いまのところいるんですよね。へえ、ゲイの場合も、元彼とつきあいが続くようなことがあるの。

そうそう、あとプラトニックのいいところは、いつでも浮気ができるところでね（笑）。

7　シングルは春夏夏夏、突然、冬

シングルにとっての人生の成熟とはなにか、ですか。そのまえに、ぼく、成熟という言葉、好きじゃないんだな。ぼくは進歩という言葉が好きなんです。きのうよりも今日は進歩していたい。成熟というと、進歩が止まったような感じがする。たしかにいま、「進歩」は評判が悪い言葉だけど、文明論はともかく、個人についてはどうなんですか？　進歩を否定したほうがいいんですか？　きのうより今日のほうが世の中のことがわかるとか、本を読んでもよくわかるようになるとか。

そういうふうに言うと、老いにたいする全面否定のようだけど、ぼくは要するに……まだ老いを受け入れていないんだ（笑）。いつまでも進歩していたい人間で、進歩がなくなったら自分も終わりだと思ってる、そういう人間なんだろうね。

シングルの場合、人生の春夏秋冬、冬は明らかですね。周囲のものが死んでいき、自分の死のことを考える。十年まえよりもよく考えているし、十年後生きていれば、おそらくさらに考えるでしょうね。残り時間ということに関係するけれど、死の意識がどんどん広がっていくことが冬かもしれない。

秋は、……ない。ははははは。春と夏はいっしょで、一気に冬になる。ずっとそれでやってきたから。突然、冬が来るかもしれないね。それはしようがない。

8　エイジングのなかで気づくこと

秋はない、と言ったけど、エイジングには「もの」との関係がかかわっている気がするね。ぼくが家を買ったのは、四十六歳のときだったかな。そうすると、なんかそれまでと生活のパターンが変わりましたね。家のあそこはなにを置いたらいいかとかが気になるわけ。それから、それまでは外食ばっかりだったのが、少し辺鄙《へんぴ》なところに引っ込んだせいもあって、自分で料理をするようになる。だんだんと小金ができてきて、それを自分が死んだらどうしようかということを考えるようになる。遺書を書いたりもした。あきらかに中年になった印でしょうね。

シングルで年を重ねていると、若いころにくらべて、一人でいて寂しいということが薄らいでいくんだね。四十代ころは、寂しい気持ちがありましたよ。自分の将来、どうなるんだろうとか。いまは、一人でいる寂しさはない。それよりも、むしろ死のことを考える。慣れちゃったということでしょう。それから時間が限られてから自分の仕事に追い立てられて、寂しさを感じているヒマがない。四十代はまだまだ時間はあると思っていたし、寂しさを感じるヒマがあった。いま感じているのは死の寂しさで、それにくらべれば一人でいる寂しさなどたいしたものではない。

ほかに……。感動が少なくなったことかなあ。感動する力がなくなったなあ。たとえば、新しい小説なんかを読んでも感動しなくなったんですね。これはある意味、文学者や教師である人間にとってはピンチで、新しい世代の発信するものに感動しなくなったのは、寂しいね。

体力的なことにかんして、そんなにものすごく衰えたとは思ってないわけ。でも、歩いているとき、自転車でぶつかられる。このやろう、と思って追いかけようとして、いや、どうしたって自分は追いつけないと思ってあきらめる。そんなとき、自分は弱者のがわにはいりつつあるな、と感じるわけね。ぼくは自分の肉体的能力に自信のあった人間なんですよ。あるとき腰痛をやって、体力的にも自信のあった人間がこんなになるのかと思ったのがショックだった。

9　やがてこの世を去るときは

ぼくは、老い仕度はしない。せいぜい小金を溜めるくらい。よくね、シングルが年とったらどうやって暮らすんですか、と言う人がいるわけ。ぼくはもう年とった人間なんですよ（笑）。五年後、十年後、ぼくの生活がいまとそんなに変わるとは思わない。もし変わるとすれば、肉体的に完全にダメになったか、精神的にダメになったか（痴呆とか）、そのどっちか。

ボケてれば、自分にはわからないからいいよ。悲惨なのは、肉体的にダメになって、しかし頭がはっきりしている場合。自分のことは自分でできなくなった老年だ。そうなったら小金を使って、人の世話に委《ゆだ》ねる。ぼくの老年のイメージはその二つ、ボケて自分でわからなくなってるか、自分を殺して完全に人の世話になっているか。そして、そこへ至るまでの緩慢ななにか、というのがあまりないんだね。

でも、結婚している人だって、完全に子どもの世話になるか、さもなくばお金でもって養老院へはいるかしかないわけで、だれでもおなじですよ。

そういうときのためにパートナーにいてほしいといっても、寝たきりの介護をさせられるパートナーは気の毒だと思うし、死んだときに悲しみもないでしょうね。やっと片付いたと思われるのもイヤだし、逆に、熱愛してくれるのはいいんだけど、悲嘆のどん底にくれられるのも、死ぬがわとしてはイヤだなと思うんです。死ぬに死ねないというか。

いちばんいいのは、自分のことを、だれも悲しんでくれないのも寂しいから、ほどほどに悲しんでくれる人が何人かいるというのが、いいんじゃないかな。

10　シングルはエゴイストか？

シングルの人への社会的な偏見は、だんだん減ってきていると思う。中年世代でも結婚しない人が多いし、バツ一社会で離婚シングルや、高齢社会で死別シングルも多い。とはいっても、もう一つは税金などの面での不平等がある。シングルは社会的な義務を果たしていない、子づくりや子育てをしない、再生産をしない、そのくせ老後は国から年金をもらって楽をする、そういう批判がある。

でも、シングルだって働いているあいだは税金や年金を払って年寄りを支えてきたんですよ。社会的な貢献をしていないというなら、あなたがたは社会に貢献するために子どもを作ったのですか、と言いたいね。

大多数の人は、子どもができちゃったから結婚をし、育てているわけ。金を子どもに使うか自分に使うかは自由だし、自分のために使う人間だけがエゴイストだとはおかしいわけで、家族をつくっている人間もエゴイストだと認めなさいよ。自分の老後を見させるために子どもを作るのは、エゴではないのか、と。

まあ、もっともぼくは、なだいなださんの老人党じゃないけど、シングル党をつくって闘う気はないんですけどね。シングルは潜在的に裏切り者で、いつ結婚していくかわかりませんから（笑）。

『にじ』七号

石川由紀（単身者の生活権を検証する会）

これで安心、シングル生活

――「なんとなく不安」症候群を超えて

社会はなんで「家族」仕様なの？

同性愛者の生活は表面上、単身者（シングル）のライフスタイルに近似します。たとえ同性の恋人やパートナーがいても、世間的には秘匿《ひとく》されたり、もちろん法律上の配偶者のような扱いを受けることはできませんから、やはりシングル扱いです。

親に、自分が同性愛であることを告げたとき（カミングアウトしたとき）、「この子は死ぬまで孤独な人生を送らなければならないのか、それがかわいそうだ」といって泣かれた、という経験談も耳にします。

それほどに、同性愛者とは一生ひとりもの、孤独な人、かわいそうな人、そして世間の大多数からはずれた人、というイメージが根強く存在するようです（たとえパートナーがいたとしても、それは遊びの相手であって、同性愛者カップルの永続的な関係は想像されにくいようです。モデルケースが見あたらないせいでもありますが）。

何度もくり返しますが、いま、単身世帯で生きる人は離婚シングル、死別シングルもふくめてひじょうに多い。憐れまれるべき少数者というには、マジョリティになりすぎていると言えるでしょう。

しかし、そのわりには社会の仕組みや制度が、なにごとにつけ家族仕様になっていて、単身者には不平等や過重負担を強いるものになっていることは、しばしば指摘されるとおりです。税金の配偶者控除や扶養控除、社会保険などもそうですし、単身者が病院での看護や尊厳死の意志代行者、相続人を指定しても（公正証書などによるリビングウィルや遺言によって）、ふだんは疎遠だった法律上の肉親がそれに優先する場合もなきにしもあらずです。

もちろん、私はこう言ったからといって、「家族を軽視」するものでも、まして「家族制度を解体せよ」と主張するものでもありません。男女の夫婦に子どもが二人いる「標準家族」が標準でなくなっているのだから、標準家族一辺倒であった諸制度も変えていってはどうですか、と言っているだけです。さらに言えば、人はやはり個として生きていくものであり、とはいえ、個は孤立して生きていくわけではない、「ひとりで、みんなと生きていく」ものであれば、さまざまな組み合わせを「家族」として認めればいいではないか、というだけです。

いまの制度内でできることは

家族偏重を糾弾してばかりいても疲れるので、では実際にどういう暮らしの工夫があるのか、先行者たちの意見を聞いてみようと訪れたのが、「単身けん」の石川由紀さんでした。

一九九〇年、世田谷区の女性たちが立ち上げた「ひとりで生きるために、単身者の生活権を検証する会」、その事務局を引き受けて、会報の発行や会合をつづけている石川さんは、このかんの活動による知恵の蓄積をすでに数冊の本として世に問うておられます。今回のインタビューでも、「シングルの三大難問、いまむかし」「シングルの必需品は、カネ・からだ・活力・情報」「自分にとっての緊急時とはなにか」

など、シングル生活乗り切りのエッセンスを、具体的にお話くださっています。

その石川さん自身には、夫やお子さんがいます。しかし、人は個が基本であるというスタンスを確立している石川さんは、「家族」にもたれあわない、それぞれが自立しあい、おたがいに風通しのいい関係を築けているかたのようです。

数年まえ、妻に先立たれた高名な文芸評論家が後追い自殺をする、ということがありました。おそらく米の一つも研げなかったであろう老先生は、人間の自立と共同をどう考えていらしたのか、思わず問いかけてみたい気持ちになったものです。

シングルと同性パートナー

石川さんが言われた「個が基本」ということは、孤立して生きることではなく、「ひとりで、みんなと」生きることでもあるでしょう。「人に迷惑をかけない」ではなく、上手に迷惑をかけあう暮らしです。

いま、同性愛者のあいだでは「同性パートナーシップの法的保障」を求める動きが胎動しはじめています。それは欧米のいわゆる「同性婚」のニュースの影響を受けた面もなきにしもあらずですが、九〇年代世代がミドル世代にいたって具体的な生活問題にぶつかることが多くなり、問われはじめたものでもあります。

『にじ』誌でも、「公営住宅は同性二人で申し込めるか」「同性パートナーは入院手術の許諾ができるか」や、二人が共同生活者として財産管理や病院の看護面会権、死にあたっての祭祀権など、相続以外の相互委任契約を公正証書でつくってみるルポを掲載してきました（巻末目次を参照）。

これは、個である一人ひとりが、どのような生活スタイルを選択するのか――一人暮らし、二人暮らし、多人数暮らし、など――を問うことであって、けっしてそれぞれが対立するものではありません。

同性パートナーシップ保障の運動に、シングル者への逆差別、敵対、とでもいうレッテルを貼るならば、それはシングルの意味を歪曲していることにほかならないでしょう。

二〇〇六年の二月〜四月には、レズビアンであることを公表している尾辻かな子・大阪府議会議員の呼びかけで、四都市・五会場で、同性パートナーシップの法的保障を考える「レインボートーク」シンポジウムが行なわれ、全国でのべ八〇〇名近い参加者がありました。

同性パートナーシップ保障への議論は、まだまだ始まったばかりですが、これは前節で述べたミドル世代の同性愛者の実存的不安を埋めるチャレンジとしても、大きな意味を帯びていくものと思われます。


いま、単身で暮らす人びとの増加はいちじるしいものがあります。以前は珍しい、あるいは「いびつ」な生活形態として見られていたシングルも、非婚シングル、離婚シングル、高齢者の死別シングルなど、普通に認識されはじめています。

この国で、法律上の「配偶者」がいない人は、みんなシングルです。シングルは、だれかと恋愛しないわけでもセックスしないわけでもない、あるいは「人嫌い」だなどというわけでもありません。シングルとは、読者であるあなた自身のことではないでしょうか？　そもそも人はだれかと一緒に住もうが住むまいが、配偶者がいようがいまいが、「シングル（個）」なのです。

一九九〇年、世田谷区の女性たちを中心に「ひとりで生きるために、単身者の生活権を検証する会」（略称・単身けん）が発足し、私がその事務局を引き受けて十三年（取材時）がたちました。会員の実例をもとにさまざまな事態や問題に対面してきた者として、みなさんのお役にたてればさいわいです。

シングルの三大難問、いまむかし

十三年まえに単身けんを始めたころ、シングルの三大難問は、「住居・お墓・保証人」でした。高齢になって、住居を借りるとき、すでに自分の親は死んでいる場合、保証人がいなくて借りられない、と訴えるかたが大勢いました。

お墓も難問でした。配偶者が死んだあと、婚家から「あなたは好きにしていいから」と言われて、はいるお墓がなくなった人。長男一家が相続した本家のお墓に入れてもらえない、と心配される非婚シングルの人……。しかし、いまはさまざまなタイプの個人墓や合祀墓が売り出されるようになりました。

病院へ入退院のさいに保証人を求められても、シングルの人はそれに対応できないのが難問でした。これも、いまは公立の病院は保証人を要求してはいけなくなっています。

いまも難問なのは、家の保証人だけ。そこで、グループをつくって保証人になりあったり、シングルの高齢者へは、行政が保証人になる制度をつくった自治体もありますが、いまでも肉親の保証人を求める不動産屋はいます。

でも、私に言わせれば、そういうところからは借りなければいいのです。いま、不動産は供給過剰、借り手市場ですから、どこか貸してくれるところはあります。かつての三大難問は、ほとんど解決したわけです。

現在、それにかわって三大難問なのは、「無視・詐偽・痴呆」です。

近所から無視されているのは、都会人として気楽ですが、気がつかれていないのは、じつは大変なことです。阪神大震災でそれが如実に現れました。被害にあっても発見が遅れ、助かる命が助からなかった。

それから、詐偽に狙われやすい。オレオレ詐偽だとかリフォーム詐偽、蒲団や着物を買わされるなどです。私たちの会員にも、「市役所から来ました」と言うので信用してなかへ入れ、資産情況や家族情況を話したという人がいました。一人でいると、まわりに相談してみる人や「それ、おかしいんじゃない？」と気づいてくれる人がいなくて、まんまと引っかかったり、クーリングオフの時期をのがしてしまうのです。

あとは、一人で暮らしていて、痴呆になった場合です。

もちろん、私流に言えば、詐偽にあうほどのお金がなければいい、痴呆は自分ではわからないから、まわりで好きにしてください、と開き直ればなんてことはないけれど、この三つが現在の三大難問です。

いしかわ・ゆき　1944年、京都府生まれ。1990年から単身けん事務局長。家族はいるが、「家族どうしでも、ひとりが基本が共通認識になれば、もっと仲良くなれるはず」と。著書には、『ひとり住まいのゆとりライフハンドブック』『なぜか誰も教えない60歳からの幸せの条件―「家族」にも「蓄え」にも頼らない日常術』（ともに情報センター出版局）ほか。

シングルの必需品は、人的ネットと情報

そこで、備えあれば憂いなし、とばかりに、やれ年金だ、保険だ、ということになりますが、いまや、備えあっても不安はある時代となりました。それは、若いうちからいろいろ準備をしていても、国が制度をがらがら変えるからです。国家を信用できなければ、私たちが自立するしかありません。「豊かな老後」などの、マスコミやビジネスが振りまくコトバに左右されないで、自分が最低限生きるにはどうしたらいいか、それを考えればいいのです。

最低限とは、生活技術を身につけること。私なら、ご飯を作るのは好きだから、生命維持のための食事は自分で作ることができます。そうすると、一か月いくらあれば暮らせるかがわかります。これが腕のない人だと外注（外食）しないといけないから、すごく費用がかかる。住居だって、マンションなどで共益費や管理費がえらく高いところに住むとたいへんです。自分の生活サイズと収入に見あった暮らし方を知り、それを可能にする技術を身につけるのが、自立の始まりです。

単身けんでは、シングルにとっての必需品は、「カネ・からだ・活力・情報」だと言っています。とくに、人に聞く情報は重要です。人ネットこそが、本当の支えになるのではないでしょうか。たとえば、リストラされても友だち関係が豊富な人は、なんだかんだで職を紹介してもらえるものです。

その人脈の広げ方ですが、ボランティアとか社会活動は、一般社会のものでもゲイコミュニティ

のものでも、まめに出かけていくことです。そういうものに一緒に参加していると、おたがいに気心が知れて、そこから広がっていきます。

同性愛の人は、自分が一般に「ノーマル」と言われている生き方ではないと思ってしまい、そこをガードしようとして、情報や人とのつきあいが狭くなったら損です。会う人ごとにカムアウトする必要はない、自分がふつうに行動すればいい。そのなかで、あとでほかの人が、「ああ、そうだったの」と思うことがあるかもしれない。人のつきあいって、そういうものでしょう。自分の情報は自分でコントロールして、人には勝手に思われるままにしておけばいいのです。

あと、自分の市区町村にどんな制度があるかは、よく知っておくこと。新聞に折り込まれてくる広報紙には、「そんなにやらなくていいから、住民税負けてよ」というぐらい、いろいろな事業が出ています。

シングルの人は、新聞を取っていない人が多いようですが、折り込みチラシも情報です。インターネットで見られるものは、たかが知れています。近所のスーパーで、三千円以上の買い物は宅配してくれるなんて、ネットには出てないでしょう。足の悪い老人は、大助かりです。地元のコンビニで、給食サービスをしているところもある。そういう情報は、地元でこまめに収集しておくことです。

あなたにとっての「緊急時」って、なに?

一人で暮らしていると、「緊急時にはどうする?」と心配する人が多く見られます。

シングルの日常生活では、やはり病気をしたときがたいへんですね。そういうときのために、来てもらえる人や、かけ込める人がいると安心です。「カゼ引いたからご飯つくりに来て」でもいいし、「行けないけど、来るんだったらいいわよ」という人のところへ泊めてもらいにいくのもいい。昔は「向こう三軒両隣り」でしたが、いまはそういきません。でも、そういう関係の人が親きょうだい以外にないと、辛いです。

単身けんは、そういう関係を作ろうと呼びかけているのです。自分が行けなくても、「自分の友だちなんだけど、見てあげてくれない？」というネットワークでもいい。

友だちネットワークも、漠然としたお友だちではなくて、「こういうときはこの人が迅速、頼りになる」と見きわめて、「機能別」にお友だちを用意しておくこと。病気したときに頼れる友だち、医者に行くときついてきてもらう友だち（医者にきちんと質問のできる人）、などなど。なにか役所へ行くときも、「役所にねじこむなら、オレに任せろ」というのがいますね。そういう人といっしょに行くと、あれ聞き忘れた、軽く扱われた、たらい回しされた、ということがありません。

それぞれ得意が違うのに、友だちだからという名目で、みんな頼りにされたら、それはだれでも逃げたくなります。家族がなぜ大変かというと、全面的にドッと頼りにされるからです。

私の持論は、「小さな迷惑を、上手にかけよう」です。どかんとこられると大変だから、機能ごとに分散させる。そうやって親きょうだいに頼る生き方を脱すること。親きょうだいだって、いずれいなくなるのですから。そのためにも、若いときから世間は広く持つ。これはシングルの命綱ですね。単身者でなくても、そうしてほしいことです。

緊急時は、しょせんどうしようもないと思ったほうが早いでしょう。三百六十五日、悩むより、生きるときに生きましょう。たまになにか有益な情報を見つけたら、それが自分に合うか合わないかを見きわめて、合うと思ったら書き留めておいて使えばいいだけ。一人暮らしで、突然、心不全で倒れたら、という心配もわかりますが、そこで亡くなるのも人生です。でも、たとえ家族が同居していても、留守中に突然死するのと、どこが違いますか？

地震などの大災害には、備えておきましょう。自分が住んでいるところの耐震はどうか、脱出できるか、避難生活が始まるまでの食料や水は用意してあるか。避難所はどこか。自宅にいるときに災害にあうとはかぎりませんが、地元情報に精通しておきましょう。

加齢とともに不安は募るものです。痴呆になったらどうしてほしいのか、まわりに洩らしておくことですね。本人がこうしてほしいと言っていたことがわかると、ケースワーカーさんでも民生委員さんでも、とても助かります。どういうことを考えておけばいいのか、そういうときのための、書き込み式の「もしもノート」の類いも発売されています。

ともかく、「自分にとっての緊急時はなにか」という問いかけが必要です。なにが心配か項目をあげていくと、傾向と対策が見えてきます。

結婚しないと、「なんとなく不安」？

単身けんの会員には、シングルの高齢女性が多かったのですが、最近は若い人の場に呼ばれて話すことも多くなりました。

昔は、結婚しないという選択はありませんでした。私の母は、生きていればいま八十六歳ですが、その時代の女性にとって結婚は「義務」でした。結婚相手を選択する自由もなく、親の決めた相手へ泣く泣く嫁ぐ話もざらでした。この世代では、戦争期には大量の戦争未亡人や、男女の量的ミスマッチから一生結婚しない女性も生まれました。

昭和十九年に生まれた私の世代も、結婚はあたりまえでしたが、憲法二十四条があって、相手を選択する自由はありました。

私の娘は、いま三十六歳です。彼女の時代、すなわち現在は、結婚相手はもちろん、結婚する・しないも自由選択の時代になりました。いい人がいれば結婚するけど、いい人はいない。だからしないだけ。唯一の踏ん切りになるのが、「できちゃった」結婚なのでしょう。そのまま一生、結婚しない覚悟かどうかはしらないけど、いないいんだからしようがない。女三代、五十年でこれだけ違ってきたのです。

結婚という選択肢を選ばない人が増えたことが、少子化の原因のように言われています。でも、一九〇〇年に四千五百万人いた日本の人口が、二〇〇〇年に一億二千万になって、それが二一〇〇年には五千七百万人にもどる、それだけのことです。

単身生活者がこれだけ増えても、家族からも会社でも、結婚はいつなのかと言われ、奇異の目で見られることはあるでしょう。しかし、現在ではほとんどの人の家族や親戚に、三十代・四十代のシングルがいるものです。それに、「結婚しているの？」というコトバがセクハラ言動とされかねないので、そういうことは言わなくなってきました。

適齢期と思える人には、あいさつとして「ご結婚は？」と聞くのが常識だった、それが慣例として残っているだけ。家族はともかく、会社などで本気で相手を紹介しようとしているわけではないし、官庁や銀行など固い職場でさえ、通常は結婚してないことが仕事に影響するわけでもない。家族手当や扶養手当てもなくなり、税金でも配偶者特別控除もなくなって、社会はだんだん個人単位になりつつあります。そのうちこのようなあいさつもなくなるでしょう。

さて、先日もある市での「結婚しない（かもしれない）～人生、どう生きる？」というセミナーに講師で招かれていくと、若い女性たちが、口々に「なんとなく不安」を訴えます。

＊結婚しないでいると、老後はどうなるのか不安。親も「どうするの？」という。

＊国の制度はどうなっているのか。

＊親の面倒をどうみるか。

＊キャリアがないのに、独身で通すのに不安を感じている。

＊親がいなくなったら一人になるからと思うと、不安になる。

……などなど。自分のことより、親のことを心配している人が多いのにびっくりしました。自分はシングルライフを謳歌していても、親は目のまえで一年一年、年をとっていきますから。

親をお荷物と思うのなら、親は別だと思うことです。子として優しいのはいいけれど、親は教育しましょう。「もともと人は一人であり、親子の縁があるから心配こそするけれど、でも、実際の世話はできない、介護保険の手続きはしてあげる」と、心配と世話は別だと割り切ること。親が、自分の若かったころの常識で脅しにかかるなら、そこに乗ってはいけません。相続など法律も行政サービスも、今と昔では大きく変わっているのですから。

シングル生活者にとって、現実に不安要因はなくなりつつあります（というより、一人で生きようが複数で暮らそうが、心配事は起こるのです）。それでも不安だと言うのは、「なんとなく不安」症候群ですから、お祓《はら》いでもするよりありません。モデル像がないからなのでしょうが、「なんとなく」では解決策は始まりません。

シングルも家族持ちも、孤独はあたりまえ

現在、介護保険だとか成年後見制度とか、いろいろ制度もできました。それらを勉強するのも大事ですが、お金がないと使えないという面もあります。それをふくめて、専門家に話を聞く機会を作りましょう。みなさんのなかにも、同性愛者の弁護士や税理士、さまざまな専門家の人がいるでしょう。ぜひ、仲間をつくって勉強会をするような機会をもってください。

この十三年、シングルで生きることへの困難は、なくなってきたと思います。単身けんの役割も、そろそろ終わりかなと思っています。

あとは、自分がシングルであるかどうかを引け目に思わないこと。意識しなければいいのです。単身世帯がこれだけ多い現実を、直視するべきです。「結婚もしないで老後はどうするの」と言う人には、大量の高齢の死別シングルの存在はどうなのか、聞いてみたいものです。

「一人は寂しいわよ」というけれど、子どもがいて寂しい人は山ほどいます。人間、孤独はあたりまえ。結婚して楽しいのは最初のうちで、年々孤独が募ります。家族は安全保障だと思われていますが、今回の自衛隊（イラク派兵のこと）ではないけれど、お義理で出動しなきゃいけないときもある。プラス・マイナス、選択です。

それでも、「一人で生きていくうえでいちばん大切なことは」と聞かれたら、それは「住所をなくさない」ことだと思います。住所がないと、生活保護をはじめ、憲法二十五条（生存権）にもとづく公的支援が受けられません。ホームレスへの公的支援の態勢は、まだまだ整っていません。

アパートで家賃が払えなくなったら、追い出されて住所を失うまえに、役所へ駆け込むこと。住所を失ってからでは役所もどうしようもありません。知りあいの家に居候するのでも、たとえ一万円でも賃貸契約にして、家計と人格が別であるようにする。そうしないと、「あなた、扶養してくれる人がいるじゃないですか」と言われて、生活保護の申請が難しくなるようです。

単身けんでは、これまでの事例や蓄積をもとに、互助会をつくって支えあう仕組みをつくろうとしています。毎月、例会も開いていますので、ご関心のあるかたは、ぜひ、ご参加ください。

『にじ』八号

エイズ、20年目の日本で

森元美代治（IDEA ジャパンコーディネーター）
市川誠一（疫学者）

森元美代治（IDEAジャパンコーディネーター）

罹《かか》って恥ずかしい病気はない

――ハンセン病からの伝言

エイズにバルネラブルなゲイ

日本がエイズと呼ばれる病気とかかわりはじめて、二十年の時間がたちました。

HIV感染症あるいはエイズ（後天性免疫不全症候群）は、そのウイルス（HIV）が精液・膣分泌液・血液中に存在するため、現在、おもに性行為で感染する、一種の性感染症といっていい病気です。セックスをする人ならだれでも感染する機会のある病気であり、そこには同性愛も異性愛もないといえます。

しかし、国内「一号患者」以来、エイズはゲイと密接な関係をもちつづけてきました。報告される新規感染者や患者のうちわけは、九〇年代の前半をのぞいて、つねに男性同性間での性行為によるものが上位を占めています。日本のHIV陽性者の七割は、ゲイあるいはバイセクシュアル男性であり、ゲイ／バイ男性間での感染拡大傾向は止みません。

なぜ、ゲイのあいだで感染が拡がるのでしょうか。

ゲイ、とくに都市部のゲイの独特なセックスカルチャー——乱交文化とでも言うもの——をあげる人もいます。たしかにクラブやハッテン場（性的出会いをおもな目的とする場所。特定の公園やゲイサウナなど）、ネットの出会い系の発達など、セックス相手の調達が容易である事実は否定しません。

しかし、ここではつぎのことを指摘するにとどめたいと思います。すなわち、異性間でセックスする人にくらべてはるかに小さな集団であるゲイのあいだでセックスパートナーを見つけていけば、異性間にくらべて感染率は必然的に高くなる。小さなパイを食べあうゲイのほうが、感染率が高くなるのは当然である、と。

ＨＩＶにたいして、ゲイはもともとバルネラブル（弱い）な立場におかれています。

エイズがゲイを表に出した

そうした現実のまえに、ゲイのエイズＮＧＯが多数活動し、ゲイに向けての啓発活動やＨＩＶ陽性者へのサポート活動がくり広げられています。

そこにはさまざまな課題が横たわっています。

ある集団に、病が降りかかること。そこに発生する負のイメージや増幅される差別・偏見にどう立ち向かうか。情報をどう伝え、どうサポートするか。そうした活動を、ゲイどうしがどう繋がり、つくっていくか。行政や研究者はどうかかわるのか。そして「エイズ病みのホモ野郎」に国は国民の税金を使うのか（もちろんゲイも国民の一部ですが）……。

できれば隠れていたいゲイが、エイズをきっかけに繋がりあい、社会に現れざるをえなくなりました。無視しておきたい同性愛という問題を、エイズをきっかけに行政は見ざるをえなくなりました。

エイズには、マイノリティと政治をめぐる問題のすべてがあります。

エイズを理解する鏡「ハンセン病」

エイズという病気を、よりリアルに受け止めようとしたとき、私たちはもう一つの痛ましい先例——しかも、けっして過去のものとはなっていない——をもっています。ハンセン病です。

エイズという病気について鮮明なイメージが結べないとき、では、ハンセン病ではどうだったのか。エイズに向き合うとき、ハンセン病に学ぶべきことはないか。

そんな「病と人間」の先輩として、ハンセン病について話を聞いてみたいと思いました。そして、森元美代治さんと出会いました。

ハンセン病の元患者として、本名で、全国を精力的に講演に回る森元さんの話は、かぎりない力にあふれたものでした。そして、そこにはおどろくほど多くの、エイズとの共通点がありました。

きわめて弱い感染力にもかかわらず、まき散らされる患者への恐怖感。

一生を療養所に送らせるという、拒絶的なまでの社会防衛的反応。

患者どうしでさえ本名を隠す、内面化された「業病」意識。

家族との関係、社会的に知られることが身内関係者をも巻きこむ現実。

しかし、こうした絶望的な現実のまえに、森元さんはお話の末尾で、ある感動的なエピソードを紹介してくれます。

それはエイズについて考える人にも——セクシュアリティにかかわらず、また感染／未感染にかかわらず——ぜひ、受けとめていただきたいメッセージだと思います。

参考：日本とエイズの二十年

一九八五年、厚生省（当時）は一時帰国していた米国在住のゲイを「日本人エイズ患者第一号」として発表した。それ以前から血液製剤による血友病の人のＨＩＶ感染が確認されつつも、そのことを隠すために男性同性愛の感染者の登場を待っていた、と言われる。そのため、日本でも、エイズとゲイとが強く結びつけられる結果となる。

一九八〇年代後半、「松本事件」「神戸事件」を契機に「エイズパニック」が起こる。ゲイに加え、「売春婦」「外国人」がハイリスクグループとされる。

一九八八年、社会防衛、患者の監視という思想の強いエイズ予防法が成立。新規感染者や患者の届け出のほか、患者が他人に感染させる恐れがあるときは医師の通報を定めた。

一九九二年、国のエイズ予防大綱が五年目の見直しを迎え、にわかに自治体その他でのエイズ取り組みが始まる。前年のフレディ・マーキュリーのエイズ死やマジック・ジョンソンの感染公表もあり、「エイズブーム」が起こる。この時期、異性間での感染報告数が同性間でのそれを上回っていたことも、「身近な病気」感をアピールした。

一九九四年、国連のそれとしては第十回の、横浜エイズ国際会議開催。内外から一万三千人が参加。会議後、またも沈静化したエイズブームにかわって「薬害エイズ裁判」が世間の耳目を集める。九六年、和解成立。原告団と国とのあいだで恒久対策が話しあわれ、エイズ拠点病院の整備、患者・感染者の障害者認定などが実現。エイズ予防法は九八年、患者の医療支援などを盛りこんだ「感染症新法」の制定にともない廃止される。また、薬剤や治療法の進歩により、死亡率は驚異的に低減する。

現在、二〇〇五年の新規に報告された感染者・発症患者数は千百二十四人。近年、毎年約千人の新規報告がつづくが（実際にはこの五倍以上の新規感染者がいるとの推測あり）、国内でのエイズへの関心は低調である。行政の予算措置も、九二年当時の三分の一。ＨＩＶは性感染症という側面から、若者世代に拡大しているが、学校現場では「行き過ぎた性教育」批判のあおりで予防教育が表面的・形骸的なものに終始しているといわれる。

恐怖と偏見にまみれたハンセン病

ハンセン病は、かつて「らい病」と言われ、一九四三年にプロミンという特効薬が出て、現在は治療可能な病気です。その病原体はらい菌という細菌ですが、感染する率はきわめて低く、抵抗力の弱い乳幼児期に、濃密な接触によらなければ感染しないとされています。感染後、十数年の潜伏をへて、多くが十代に発病しています。

ところが、この細菌は手足や顔など、表に出ている部分に好んで住みつき、そこに変形や機能障害を起こします。顔がゆがんだり、手指を失ったり、他の細菌との混合感染で膿を生じることもあります。そのため人びとの恐怖感をあおって、社会から嫌われる病気となったのです。宗教もまた、天刑病とか業病と称して偏見をあおり、古来、患者は放浪と物乞いの生活を余儀なくされました。

偏見はプロミンが開発されてからも消えず、一九五一年に山梨県では、ハンセン病患者を出した家族九人が服毒心中した悲劇もありました。

こうした昔からの偏見を、近代にはいってさらにあおったのは、一九〇七年制定の法律「癩《らい》予防ニ関スル件」と強制隔離政策です。そこには、「社会の安全」のために不都合なものを排除する、という社会防衛の思想（患者に断種手術も）、患者が感染を拡大するという病者敵視、そして療養所に入れることは患者のためであるという蔑視・憐れみの考えがありました。しかも法律に退所規定はなく、療養所の実態は出口のない収容所とおなじでした。患者は家族・親戚と縁を切って、離島やへき地の療養所に送りこまれ、そこで一生を終え、園内の納骨堂に引き取り手もないまま葬られました。また、社会では「らい撲滅《ぼくめつ》」が叫ばれ、警察による患者の「刈り込み」や、実際には必要もないものものしい消毒で（その証拠に、療養所で感染した医者や看護婦は皆無）、人びとの恐怖感があおられました。病者が社会で共生するという発想はなかったのです。

隔離は戦後も継続され、世界的には外来治療が主になっていたにもかかわらず、隔離をさだめた「らい予防法」が、一九五三年に成立しました。そのときの国会審議で、療養所の所長だった光田健輔医師は、「未収容患者が二千人残っている。手錠でもはめて強制的に入れなければならない」と証言しました。

この法律は九六年、菅厚生大臣のときにようやく廃止されますが、日本は約九十年間、ハンセン病患者の隔離をつづけてきたのです。

病気を隠し、ウソで固めて社会を渡る

私は一九三八年、奄美諸島のひとつ、喜界島に生まれました。

ハンセン病と診断されたのは一九五二年、中学三年の夏休みの前日です。顔がらい菌のために赤く腫《は》れていたのを校医が気づき、校長室に呼ばれました。校長や担任の立ち会いのもと、目隠しをされ、裸にされて、棒のようなものであちこちを突つかれましたが痛くありません。それでハンセン病による知覚麻痺とわかりました。

その晩、家に校医が来て、ハンセン病だと告げました。母が泣き崩れた姿をよく覚えています。医者は、療養所に行けば半年で帰ってこれると説得し、私も楽しみにしていた高校進学の夢を断念し、船で三時間かかる奄美本島にある療養所にはいりました。

療養所につくと、園長さんが、「名前はどうしますか」と聞きました。ここにはいった人は、実名と園内名の二つをもっていて、患者どうしのあいだでも、本名を知らせあわないのです。父が、「この子のことは島じゅうが知っているので、いまさら名前を隠しても意味がない。本名でいいです」といい、私はそれ以来、森元美代治のままです。しかし、ハンセン病は本名を名乗ることさえできない病気なのです。

私は一年ぐらいで治ると思っていましたが、プロミンの副作用で指が曲がるなどして、そのまま療養所の生活をつづけました。

そのころ、療養所にいる青少年患者のために、岡山の療養所のなかに高校が作られることになり、高い競争率でしたが、さいわい私は試験に合格して、瀬戸内海の小島にあったその長島愛生園にうつり、二年遅れで高校に進学。その後、大学の進学をめざして、東京の多磨全生園へうつりました。私はハンセン病のような「不名誉」な病気になったからには、東京の大学へいって名誉挽回するしかない、と思っていたのです。さいわい六二年ごろには、無菌になってもいました。

猛勉強のかいあって、私は慶応大学に合格しましたが、無菌になっているにもかかわらず、主治医は退所を許してくれません。「大学に行って、万一、ほかの人にうつしたらどうするんだ」と言うのです。医者は結局、社会復帰させる気がないのです。私はだんだん腹がたってきて、勝手に出てしまいました。そのころは、医師の制止を振り切って勝手に退所する人も多かった。私は二十四歳になっていました。

こうして社会へ出てみると、われわれハンセン病患者は、いつばれるか、その不安ばかりです。病気を隠して、ウソで固めて社会を渡ってきたようなものです。第一、大学に知られれば、私は即、退学処分でしょう。

もりもと・みよじ　1938年、奄美の喜界島に生まれる。52年、ハンセン病と診断され国立奄美和光園に入園。70年、再発のため多磨全生園へ入園。その後、入園者自治会活動にかかわり、らい予防法の廃止に尽力。ハンセン病国賠訴訟原告、2001年には参議院比例区に民主党から立候補した。現在は講演などで精力的に活動。IDEA（共生・尊厳・経済向上をめざす国際ハンセン病患者・回復者協議会）ジャパンコーディネーター。

まず入学手続きのとき、身体検査に行ったら、看護婦さんが私の住所を見てけげんな顔をするのです。「東村山市南秋津一六一〇番」。それは全生園の住所です。東京で私の使える住所は、そこしかありません。だれも知るわけないと思っていたので、頭のなかがまっ白です。そんな私の様子を見て、看護婦は深く追及しませんでした。

ともかく入学手続きがすむと、格安で鹿児島県の県人寮のあることがわかりました。そのときの入寮面接も、私はウソのつきとおしです。なにしろ奄美に生まれて高校は岡山、二十四歳で大学生です。いろいろつじつまあわせの話をつくりました。

医者の言うとおりにして、ひどい機能障害が

大学を卒業し、ある信用金庫に就職して二年目、病気が再発しました。主治医は、療養所へ戻れと言います。私はよい治療薬が出ていたことも知っていたので、外来でその薬を処方してくれと頼みましたが、らい予防法のために、療養所に入らなければ処方できない、と医者は突っぱねるのです。仕事もおもしろいし、恋人らしき人もいました。「先生、やっと私はここまで来たんですよ」。しかし、主治医は私の意向をどうしても汲んでくれない。そのとき先生が、「きみは人生と健康とどちらがだいじか」と言うのです。私は両方だいじだと答えたら、「では、勝手にしなさい。私は健康がだいじだと思うから、療養所へもどることを勧めているんだ」と言うのです。私はカーッとして、その医者のもとを飛びだしました。しかし、背中の斑紋はどんどん大きくなり、顔のむくみもひどくなって、ついに全生園にもどることにしました。一九七〇年、三十二歳のときでした。

再発した私の病状は、療養所へもどることで、にわかに回復するかに見えました。医者もその様子に喜び、私も欲を出したのでしょう、新しい薬をつぎつぎに処方してもらっているうちに、ものすごい副作用が出て、二十四時間苦しむことになりました。しかし、医者は「いまが辛抱のしどころだ、

ここを堪えたらこの病気と一生、おさらばできるから、おれに任せておけ。この状態が落ち着いたら、視力も手足ももとにもどる」というばかりです。東大医学部を出た主治医の言うことをきいて、七年間、悪戦苦闘でした。

しかし、七年後には目に緑内障も出るなど、病気の後遺症がどんどん起こってきた。これは明らかに患者無視の医療でした。医者は、とにかくらい菌だけを殺せばいい、患者の目がどうなろうと、手足に機能障害が出ようとおかまいなし。しかも、そのころは新しい薬がどんどん出ていました。いわば試薬です。それをどんどんわれわれに処方した。その結果をスイスの製薬会社へ送れば、たくさんの謝礼がもらえたわけです。

私は医者に食い物にされたという思いです。

患者運動に参加し、私は生き直した

再発後の療養所生活は、私にとって大きな人生の岐路でした。七七年から目の治療にかかって三回も手術をうけましたが、四回めにはほとんど視力がゼロになりました。ただ、八一年に、病気そのものは無菌になった。

このまま療養所でなんにもしないで、死んで納骨堂にはいるとしたらむなしい。私は生き甲斐を見つけようと、療養所の自治会活動にかかわりました。先輩たちがどんどん高齢化するなかで、ついに全生園の自治会長を引き受けることになった。

ちょうどそのころ厚生省が、らい予防法についての委員会をもうけ、その座長の医者が、この法律を全廃したらどうか、と言い出したのです。さあ、われわれのがわが大騒ぎです。療養所ごとに対応が割れました。法律の廃止と隔離政策の中止は、われわれの長年の願いでした。しかし、高齢化し、ふるさとへ帰ることもできない患者にとって、療養所は生存の場です。法律の廃止によって療養所そのものがなくなってしまうかもしれない、そうしたら、われわれはどこでどう生活すればいいのか、こんな危ない橋は渡れない……。そんな意見もあり、患者団体があわや分裂というほど、大きく揉めました。

このらい予防法廃止運動は、私にとって、文字どおり命をかけた闘いでした。こんなまちがった法律のために、どんなに差別され、しいたげられてきたか。予防法を廃止することが、われわれの人権や家族の人権、さまざまなものの名誉回復になり、国の威信を回復するぜっこうの機会となる。日本政府が率先してらい予防法を廃止しないと、日本の汚点として後世、世界の笑いものになる、と思って頑張りとおしました。

そのときまで、私は死んだも同然、この世になんの希望もない人間でした。療養所で命を終え、しずかに納骨堂に納まるのがよいと思っていました。しかし、この廃止運動のなかで、私自身のなかでもいろいろな闘いがあり、世間から隠れたままの自分でいいのか、もっとだいじなことが私の使命として与えられているのではないか、このままでは森元美代治の一生はつまらないものになる、と思ったのです。

九四年には、国立療養所の所長連盟が、強制隔離収容の必要はまったくない、との見解を発表し、九五年には日本らい学会も、らい予防法の廃止を求めました。国もついに九六年四月一日、九十年にわたって患者の隔離を定めたらい予防法を廃止したのです。

勇気をふるって社会に実名を公表

こうしてらい予防法は廃止されましたが、長年にわたる患者の人権侵害への謝罪や反省はありませんでした。これにたいし、患者自身が原告となって、各地でハンセン病国賠訴訟を起こしました。私も東京地裁での裁判の原告となりました。

ハンセン病のことを社会にオープンにするのは、たいへんなことでした。しかし、私たちはただ病気になっただけで、なにか犯罪を犯したわけでもない。なのに、なぜ生涯、偽名で暮らしたり、病気のことを隠しとおさなければならないのか。社会もまちがっているが、私たちもまちがっている、と思うようになってきた。

オープンにすれば、患者個人だけでなく、故郷の家族にも影響がおよびます。身内にハンセン病患者がいるというだけで、結婚や就職で差別されることは、現在でもあります。

しかし、私はこの運動は、家族との絆を回復するためのものだ、と思うようになってきました。病気が治った、法律も廃止された、でもふるさとへ帰れない、家族と縁が切れたままである、こんなことではなんの回復にもなっていない。ほんとうの意味でハンセン病問題が解決したなら、家族も隠さないでしょう。

ところが残念ながら、裁判に勝って、現在、療養所にいる四千五百人のなかで、ふるさとの墓参りをした、もとの小学校を訪ねて卒業証書をもらった、などという人は、十人ほどです。社会はなにも変わっていない。変われないのですね。

私がこうした活動をすると、「故郷の兄さんたちの立場も考えろ」と言われました。兄自身も一昨年、裁判の判決が出る三か月まえに、「親戚一同が、おまえに青酸カリでも飲んでもらいたいと思っている、そんな気持ちがわからないのか」と言いました。しかし、私は兄や姉を憎むことはできない。兄も姉も、いつかわかってくれると思います。なぜなら、それはいわれない偏見だからです。苦しむ必要のない苦しみです。そのことに気がつけば、家族も、くだらないことで苦しんできたんだな、と気づいてくれるはずです。私はそういう日がくるのを、いまかいまかと希望をもちながら暮らしています。両親の死に水はとれなかったから、せめて兄や姉の死に水をとってあげたい、と。

裁判に勝って、社会復帰をしたいまは、生活は大変ですが、療養所の保障された生活のなかで、ああだこうだと言っても、それは絵に描いた餅にすぎません。私は一人の国民として、税金を納め、健康保険や介護保険料も払うなかで、義務を果たしながら患者運動もできたらどんなに本望かと思います。各地での講演も本名でやり、新聞にも本名で報道されます。足が地に着いた感じです。

いま、私の思いは海外に向かっています。中国、ブラジル、インド、東南アジア、アフリカでは、まだまだ患者が苦しんでいます。その人たちのために、日本の私たちのノウハウを伝えたいと、IDEA（共生・尊厳・経済向上をめざす国際ハンセン病患者・回復者協議会）の日本支部を立ち上げようと考えています。

ハンセン病療養所は一つのムラである。らい予防法のもと隔離された患者は、離島やへき地の療養所で一生を終え、死んでも故郷に帰れず、園内の納骨堂（写真上）に葬られた。多磨全生園には、高松宮記念ハンセン病資料館（電話 0423-96-2909）が設けられ、参観できる。森元さんは、川田龍平さんを案内したこともあるという。

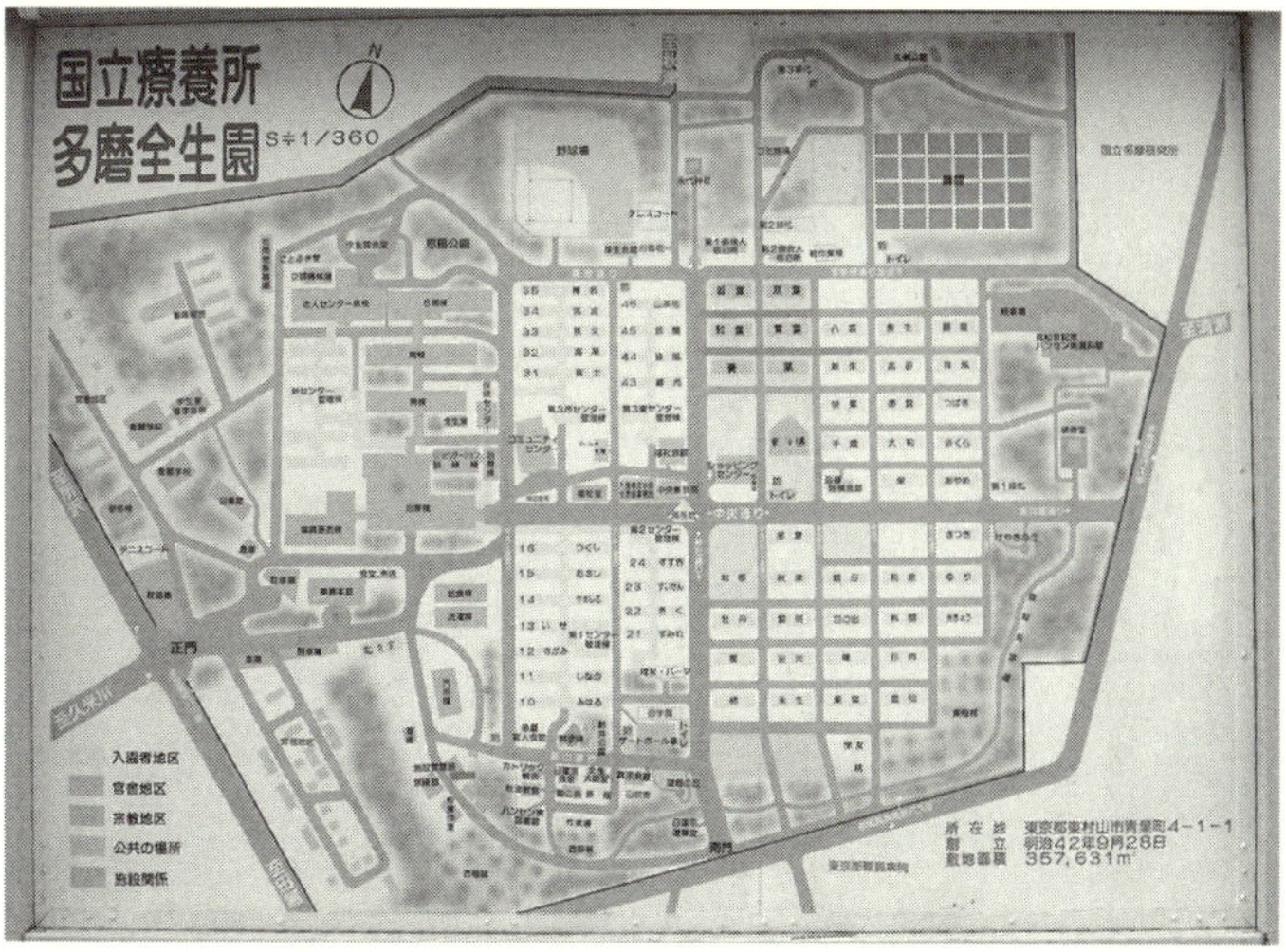

罹《かか》って恥ずかしい病気などない

私はハンセン病のために、これまでの六十五年の生涯の大半を療養所に隔離され、死んだような人生を歩まされてきました。もとはといえば、ハンセン病についてのまちがった考え方やでたらめな情報でまどわされてきたからです。また、われわれ自身も、自分をいじめるような風潮を植えつけられた傾向がある。「あなたがたは社会から嫌われている病気なのだから、静かに療養所にいるほうがしあわせでしょう」と言われ、「そんなものか」と思ってきました。

これはとんでもない話です。自分の人生は一度です。二度とない人生を、虐げられたまま生きる、こんな情けない話はありません。そのことに、運動のなかで気がついたのです。まず、正しい情報、正しい知識を知らせようと思った。そのためには、当事者がよく勉強しなければいけない。この運動をしながら、私はハンセン病についての知識も深まりました。最近のいろいろな情報まで、関心をもって収集しています。

医者まかせは、ぜったいだめです。医者は診るがわの立場でしか考えません。診られるがわの人間がそれなりの知識をもって、医者とつねに対等に、患者と医者ではなく、人間と人間で対峙するべきです。医者は一方的に、患者はなにも知らないのだから、医者の言うとおりにしなさい、と言ってきます。私はそれを鵜呑みにしたために、いまの身体になったことを後悔しています。

どんな病気になっても、人はそれを隠すことはないのです。だれもが病気になるチャンスがあります。同時に、どんな病気になっても、人間としてりっぱに生きる可能性があります。みなさんは健康体で、私はたまたまハンセン病になったけれど、これを自分の不幸として後ろ向きに生きたら、なにも語る資格などありません。みなさんのまえに、顔を出すこと自体、恥でしょう。でも、そんなふうに考えたら、人生おしまいですよ。

病気をいただいた以上は、それをアクティブに生かす。他人とちがう運命をもっていると思って、その運命を自分で切り開いていくことです。そうすれば、かならず支えてくれる人が現れます。自分が後ろ向きになれば、だれも支えてくれない。それは私の体験から、身をもって言い切ることができます。

藤本としという女性は、十八歳でハンセン病と診断されたとき、「地面の底が抜けた」と思ったそうです。地獄の底に落ちていく気がした、と言っています。やがて彼女は失明しましたが、「世の中には、どこにも光はありません。でも、私自身が光になればいいんだ」と言いました。彼女の人生は、私たちの大きな希望なのです。

『にじ』五号

市川誠一（疫学者）

「ゲイとＨＩＶ」にかかわるとは

——ある疫学研究者の歩み

エイズに冷淡だったゲイ自身

前節で、日本のＨＩＶ陽性者の七割あまりがゲイ／バイセクシュアル男性であることを述べました。では、当のゲイたちは、この病気についてどう向きあってきたでしょうか。

欧米のような同性愛者の公民権運動（ゲイリベレーション）を経験しなかった日本のゲイは、八〇年代の中期、エイズという外圧によってはじめて社会的に顕在化させられました。みずからも団体を結成して、エイズ予防法案やエイズ（ゲイ）差別への組織的な運動を経験します。

このころ、運動するがわには、社会にたいして「エイズはかならずしもゲイだけがかかる病気ではない」として、ゲイとエイズを結びつける動きに抵抗する方向と、それでも現実にゲイのなかで広がりはじめている感染にたいし、エイズを引き受け、ゲイとしておなじゲイをサポートしていこうという方向、このアンビバレントな二つの方向が並存していました。また、初期の各地のエイズＮＧＯにも、ゲイが活動の主たる担い手として参加していました（他のメンバーに、自分はゲイだと名乗らない場合も多かったのですが）。ゲイとして社会的に動く回路が、エイズによってはじめて開かれたのです。

それにもかかわらず、ゲイ全体として見れば、長いあいだ、エイズにたいする関心は冷淡と言えるほど低いものでした。九四年の横浜会議で国内にエイズブームが起こった当時でも、ゲイ全体のエイズにたいする関心は高まりはしませんでした。

コミュニティ意識の種を蒔く

そんなゲイとエイズの関係が変化する一つの契機は、厚生省（当時）の「ＨＩＶ疫学研究班」における動きでした。

一九九五年、その研究班のなかのある研究者グループが、男性同性間のＨＩＶ感染に関する新しい調査をはじめました。ゲイが利用するハッテン場（性的出会いをおもな目的とする商業的施設。ゲイサウナなど）で廃棄されたティッシュを集め、そこに付着した精液を調べてＨＩＶの拡大の様子を探ろうというものでした。こうした調査手法を、ゲイ活動家のがわが「ゴミ漁り」と呼んではげしく批判したことは言うまでもありません。ゲイがエイズに短絡的に結びつけられ、ゲイバッシングが強まることへの強い警戒もありました。

この「研究」の中心こそは、本編の語り手、市川誠一さんその人でした。市川さんは最初、ゲイ活動家のいわば〝敵役《かたきやく》〟として登場したのです（それは本文でもみずから触れているとおりです）。

市川さんたちは、この「調査」で出た陽性率を示すという数字（それはきわめて高い数字でしたが、真偽については見解が分かれ、数字の一人歩きも懸念されました）をもとに、ゲイへの啓発をすすめる計画でしたが、ゲイ活動家からの強い反発をまえに、その啓発への協力を東京の複数のゲイＮＧＯに呼びかけ、その結果、ＮＧＯのあいだで対応が割れることになります。あるＮＧＯは、調査への不快感を表明しつつも、ハッテン場での啓発やゲイ雑誌広告を通じたメッセージ発信などに、ゲイ当事者として協力することを選びました。また、ハッテン場がわの協力は、当時の新宿保健所衛生局の人たちの尽力により引き出されたものでした。

こうしてゲイＮＧＯ間の分裂と引き換えに、ここではじめて研究者・行政・ＮＧＯの協力体制が立ち上がることになったのです。

市川さんは、東京でのその経験を大阪で発展させ、大阪のゲイや行政を巻きこみ、ゲイ向けプロジェクトを誕生させます。それが本文でも触れられている「ＭＡＳＨ《マッシュ》大阪」です。二〇〇〇年から三か年続けられたＭＡＳＨ大阪のエイズ啓発イベント「ＳＷＩＴＣＨ《スイッチ》」は、大阪のゲイ繁華街のまち起こし的色彩をもつイベントで、エイズを大阪のコミュニティ意識と強く結びつけた画期的なものでした。そして、このころからようやくゲイのあいだで、「コミュニティ」というものがある程度の輪郭をもってイメージされるようになってきたのです。

マイノリティ「研究」の態度

のちに東京では、ほかのＮＧＯも市川さんたちとの協力体制に合流し、分裂は修復されてゆきます。また、同様のゲイ向け活動が、現在、東京と大阪にくわえて、仙台、名古屋、福岡でも行なわれています。いずれもゲイ当事者が市川さんの研究グループに参加し、厚労省の研究班（男性同性間のＨＩＶ感染対策とその評価に関する研究）の予算で、行なわれています。これは研究という名目ながら、実際の予防啓発活動の実践という側面もあわせもっています。こうして市川さんは、名実ともにゲイを対象とした啓発の中心的な存在になっていきました。

市川さんの歩みは、ノン・ゲイの研究者が、いかに当事者の活動者との信頼を築き、意味ある仕事をつくっていくかの見本のような十年でした。同性愛者と異性愛者の溝をどう埋め、「当事者でなければわからない」論をどう超えるのか。研究者として、研究するものとされるものという関係をどう転倒させるのか。さらに、大学や厚生行政にかかわるものにありがちな権威的態度、あるいは恩情や憐憫《れんびん》という上下の関係を超えて、ともにＨＩＶ問題に取り組む横並びの関係をどうつくっていくのか。

それらの問いへの答えのすべてが、この人の足裏には、詰まっているように思われるのです。

※本解題は、一部に砂川秀樹「ゲイはエイズとどう向きあうか」（『にじ』5号）を参考にしました。

ゲイ受検者の四パーセントがＨＩＶに感染？

一九九四年に横浜でエイズ国際会議があったころ、厚労省（旧厚生省）が三か月に一度発表する「エイズ動向調査」を見て、日本ではＨＩＶ感染はそんなに広がらないのでは、と多くの人が思っていました。私もそう思っていた一人かもしれません。しかし、日本国籍の男性のＨＩＶ感染報告数を追っていくと、外国籍の人を押さえて、そのあと九六、七年ごろからどんどん上がっていくのです。

動向調査では、保健所の検査などであらたにわかったＨＩＶ感染者数と、エイズを発症させたことで感染がわかった数（エイズ患者数）、この二つが報告されます。

ＨＩＶ感染者の報告数が増えるのは、エイズを発症するまえに早期に検査を受けてＨＩＶ感染がわかるということですから、エイズ患者の報告数は減らなければいけない。しかし、じつはエイズ患者の報告数も同時に増えているのが日本の状況です。

感染経路で見ると、男性同性間の性接触によるＨＩＶ感染は、九六年以後、急激に増えています。そして、同性間ではエイズ発症者も増えています。異性間でも増えてはいますが、同性間ではさらに急増しています。

ゲイコミュニティでは検査の情報が一般にくらべて行き渡っているので、検査を受けにいく人が多い。だから感染者数の報告も多くなるのだ、という解釈があります。実際、ゲイ向けのクラブやイベントでアンケートをとると、過去一年間にＨＩＶ検査を受けたことのある人は、東京の調査では二五〜三〇パーセント。一方、性病クリニックでとった性感染症患者のアンケートでは、一〜二パーセントでした。ゲイでは、二、三十倍も高い割合でＨＩＶに関心をもち、それだけ感染を身近に感じている人が多いとは言えます。

しかし、そういう言い方で、この数字をあまり真剣に受け止めないとしたら危険です。検査を受ける人が増えたことも事実ですが、感染者といっしょにエイズ患者も増えているということは、背後での感染の広がりが大きいこと、発症するまで感染したことを知らない人が存在することを示しているのです。

もう一つは、エイズというと若者の病気という感じですが、新規に報告される感染者を報告時の年齢別に見ると、三十歳未満と三十歳以上では、増え方はほとんどおなじなのです。エイズ患者の報告は、三十歳以上の増え方のほうが急です。これは二十代で感染して、三十代以上で発症するまで気づかないわけです。三十代にもなれば知識も分別もあって、セーファーに（感染しない安全なやり方で）セックスできるだろうということではない。若者層で感染が広がっているだけでなく、ゲイコミュニティでは、三十代以上でも感染の拡大が懸念されています。

感染者や患者を、生まれた年代別に分けて分析したことがあります。報告時の年齢はわかっていますから、逆算すれば生まれた年が推測できます。日本でエイズが始まって約二十年。現在二十代の人は、学生時代から啓発を受けているはずだから、啓発が効果をあげていれば、感染者が増えることはないはずです。しかし、この世代でも九七、八年から報告が出始め、しかも、その伸びは他の世代にくらべて急なのです。

いちかわ・せいいち　1949年生まれ。現在、名古屋市立大学看護学部教授。ゲイとＨＩＶについて、その初期から精力的にかかわる。厚労省ではじめてゲイＮＧＯの代表などから意見聴取をした「同性間性的接触におけるエイズ予防対策に関する検討会」では座長をつとめ、中間報告を取りまとめた。しかし、その研究の歩みはけっして平坦ではなく、文字どおり、身体をはった活動であった。MASH東京／大阪やレインボーリング、そしてaktaや大阪での同様のスペースDISTAの「仕掛人」でもある。

これは、ＨＩＶの予防メッセージが届いていないこと、若い人がセックスをはじめると、そこにすでにＨＩＶがいて、しかもそれが急激に広がっていることを物語っています。私は十年後のことを考えると、平成生まれの人たちがセックスを始めるまえに、若者向けの予防啓発について体制を作りなおすことが大切だと思っています。

ゲイ・バイセクシュアル男性のあいだで、実際、どれぐらいHIVの感染は広がっているのでしょうか。

東京都の南新宿検査・相談室（土日や夜間も開室しているので受検者が多い検査場）では、陰性だった人にアンケート調査をしています。南新宿では、年間八千人ぐらいが検査を受けていて、アンケートによると、そのうち千六百から二千人ぐらいがゲイ・バイセクシュアル男性だろうと推測されます。

一方、陽性だった人については法定報告のために感染経路などを聞いています。男性同性間で感染した人の数から、南新宿に受けにきたゲイ・バイセクシュアルのうち、四パーセント（二〇〇二年）ぐらいは陽性である、と私たちは計算しました。大阪でのSWITCHや名古屋のNLGRなど、ゲイ向けに行なわれている大規模なエイズ啓発イベントでの検査会でも、三パーセント程度の陽性者が出ていますから、この数字と見合います。

私たち疫学者は、いま、この病気がどう推移しているかを把握することは大切であると考えています。そのデータを見るかぎり、HIVは確実に拡大の方向に向かってきたと言えます。では、そこにどう対策を立てていくのか。ゲイ受検者のなかの陽性割合を出すのは、ゲイを非難するためではなく、あくまでも指標なのです。

みんなが検査を受けやすい環境を提供し、早めに感染がわかれば、エイズ発症者の報告数が減ってくるはずです。そして、予防啓発が進めば、受検者に占める陽性割合も減ってくるでしょう。疫学は、その情報を共有し、対策に役立てる学問だと思っています。

コミュニティとの協力を身体で学んだ

私は、一九八五年、厚生省の動向調査が始まったとき、当時の勤務先（横浜市大）の教授がその委員でしたので、発生動向の分析の手伝いをしたりしました。それがＨＩＶにかかわるきっかけです。そして厚生省の研究班にも加わったころ、九四年に横浜で国際エイズ会議があり、ハワイからショーン・デュケーさん（故人）というゲイの陽性者が来日して、サテライトシンポジウムでスピーチをしてくれました。すごくいい人で、それがオープンなゲイと話した最初でした。

さっきも言ったように、そのころは、日本では感染は拡大しないと思っていたのですが、私の研究室に来ていた米国人の研究者が、ある日、『男街《おとこまち》マップ』（ゲイ向けの風俗店ガイド）をもってきて、「日本のゲイのあいだで感染が広がっていないとは思えない。ここに出ているハッテン場に行って、実際に見てみよう」と言うのです。私が尻込みすると、「日本で起きているＨＩＶを見ずして、おまえは日本人の研究者なのか」と言われて（笑）、それであるハッテン場にはいりました。

浴衣に着替え、外人と行った私は物好きに思われたのか、談話室でゲイのお客さんからいろいろ話を聞きました。コンドームのことを聞くと、「そんなの使わなくていいよ、欲しかったらマスターに言いな」。そして、実際にミックスルーム（乱交室）などを見て、この真っ暗な環境で予防ができるのだろうか、報告される数字は違うのではないか、と思いました。それがゲイの人びとにかかわる最初でした。

おなじころ、新宿保健所の職員で、サウナなどを管轄していた人と知りあい、「日本の同性間の感染は、報告されている数字と違うのではないか?」と言われ、本当はどうなのか、疫学的にハッキリさせなければと思いました。それで、ハッテン場で廃棄ティッシュを調べる調査をやり、そこに付着した精液から高い陽性割合を示す数字が出たのです。

その調査は、ホントに悩みました。ゲイコミュニティからかなりの反発も受けましたし、研究報告会の席でゲイコミュニティの人から、ものすごい形相で睨《にら》まれた記憶もあります。しかし、わだかまりを超えて、エイズNGOの「ぷれいす東京」の人たちがかかわってくれ、ミーティングを重ねるたびに、私はさまざまなことを教えられました。

私たち研究者は、予防、予防と口では言うけれど、頭のなかは空っぽです。ゲイに必要な情報、その提示の仕方、なにもわからない。しかし、辛抱づよく意見を交換しあうなかで、私たちは当事者と組まないと事態は進まないことを知りました。ゲイの人たちも専門家の知見をうまく生かすことを学んでいったと思います。ゲイ向けのアンケートづくりでも、研究のイニシアチブはコミュニティがわに取ってもらって、研究者が独走しない。コンドームを配付するのでも、いっしょにローション(水溶性ゼリー。アナルセックスのさいの潤滑剤)がついていなければ有効に使われないなど、私たちはわからなかったですから。

NGOの人たちとは、なんどもなんども衝突しました。でも、ここで決裂して、HIVの研究から手を引こうとは思いませんでした。衝突を決裂とは思わなかったし、根が楽天的なのでしょう。かかわってくれたゲイの人たちに助けられ、支えられてきました。

現在、コミュニティと研究者の協力体制がまがりなりにもできあがってきただけに、「研究」が、本当にコミュニティの感染予防に役立っているのか、むしろ自問することが多くなっています。

エイズNGOとバーやサウナがどうつながるか

ＨＩＶの感染拡大の阻止のためには、コミュニティと研究者の協力体制が必要です。ＭＡＳＨ大阪は、そうやって立ち上がったプロジェクトの一つでした。

一九九八年、東京では同性間感染の報告数が増加しているのに、大阪はそうでもないなあ、と思っていたとき、大阪のハッテン場のオーナーさんたちが自主的に作っているポスターを見る機会があって、大阪を訪ねてみたのです。

大阪府庁のエイズ担当さんを訪ねたら、大阪も去年から増えてきたので予防に取り組まないといけない、ということでした。そこで大阪のゲイ当事者の人を加えて話をしようと提案し、ゲイと行政と研究者がつながることになり、一九九九年、ＭＡＳＨ大阪というプロジェクトが立ち上がりました。

ちょうどそのころ、ゲイコミュニティで効果的な予防啓発を成功させたオーストラリアへ視察にいく機会があり、私はシドニー・メン・アンド・セクシュアルヘルス（ＳＭＡＳＨ）という研究プロジェクトを参観していろいろ示唆を受けました。そのついでに（笑）、名前もいただいたというわけです。セックスをネガティブに見るのではなく、性の健康をどうサポートするか、という考えが大切です。セクシュアルヘルスというコトバが、日本で最初に根づきました。

はじめに、大阪のゲイ・バイセクシュアルにどのくらいエイズについての情報が行き渡っているか、情報源はなにか、クラブイベントなどの協力を得て、基本的な部分をアンケートしました。その結果、大阪の若いゲイのあいだでは、検査を受ける頻度もコンドームを使う頻度も低いことがわかりました。実際、HIV感染の報告数も急増していました。それで若者をターゲットに、ポスター制作、コンドーム配付、勉強会などのプログラムづくりを進めました。ポスターもゲイメンバーの提案で、小さいもの（B4判）を作りました。ゲイバーは狭くて貼るスペースがない、トイレに貼るならこれぐらいのものがいい、というアイデアです。これが「つけてやろうぜ」というポスターで、ゲイからとても人気を得ました。クラブのスペースを昼間、勉強会のために提供してもらったり、ホームページを作ったりしました。

また、彼ら自身のなかから、「検査が受けづらい。昼間の検査以外では夜間検査が一か所あるだけ。大阪で検査を受けやすくするにはどうしたらいいか」という声があがりました。そして検査は重たい問題だから、コミュニティ全体でくるんだ取り組みをしようというアイデアが出てきました。それが、翌日に結果を返す検査会（保健所などのHIV抗体検査は通常、一～二週間後に結果を返す）とコミュニティ祭りを合体させたSWITCHというエイズ啓発イベントです（二〇〇〇年から三か年、ゴールデンウィークや夏に開催）。

私はこの試みをつうじてNGOとバーやサウナ、クラブなどの商業施設とがコンタクトをとれるようになることが大切だと思いました。二丁目や堂山（新宿や大阪のゲイバーがあつまる地域）だけがコミュニティではないけれど、ゲイバーやハッテン場と連携ができれば、そこに集まってくる人たちに情報が伝わります。

HIVがみんなの関心になるとき

実際の行動――セックスのときにコンドームを使うなど――は、そうかんたんには変わらない。わかっちゃいるけど、というのがふつうです。それを自分のなかで強く意識していくには、意識させるようなプログラムを提供しないといけない。イベントはその環境を作りだすもので、つぎは、もう少しくわしく知りたいと思うときに行ける勉強会とか、個人的な相談窓口とか、人にかかわらないで情報を持っていけるスペースとか、そういうプログラムを作る必要があるでしょう。

ＳＷＩＴＣＨの取り組みを通じて、看護師やカウンセラー、ドクターがたくさんかかわってくれました。ゲイコミュニティ向け事業では、ゲイという当事者性と、専門家の専門性、その両方が必要だということが共有できました。

もうひとつ、受けやすければ、みんなが検査を求めているということがわかった。ＳＷＩＴＣＨの検査会では、二年目には四百人が希望しました。これを報告書で出して、保健所などの検査サービスをどう改善するかを提起しました。

しかし、検査結果は深刻な数字で、受検者の三パーセントがＨＩＶ陽性でした。これは楽観視していい数字ではない。もうひとつは梅毒が既往もふくめて一五〜二〇パーセントの感染割合ということがわかり、その結果を受けてＨＩＶだけでなく、性感染症全体への啓発を大阪のゲイコミュニティへしていこうと、梅毒についてのメッセージカードをＭＡＳＨ大阪が作りました。

私自身は、いまは東京にあたらしくできたプロジェクト「レインボーリング（Ｒ２）」や大阪のＭＡＳＨ大阪の活動、そして新宿二丁目に国の予算でできたエイズ啓発スペース「ａｋｔａ《アクタ》」や大阪・堂山の同様のスペースである「ＤＩＳＴＡ《ディスタ》」の定着に力を集中しています。Ｒ２ではハッテン場向けにあたらしくポスターやビデオ（ポルノビデオの合間に上映できる）を作り、配付したりしました。

まだまだ手薄なネットの出会い系利用者にたいしての取り組みでは、ゲイコミュニティのなかのネットメディア事業者と協力して啓発をやっていけたらいいですね。どういう方法が出会い系にアクセスする人に届くのか、当事者の声を聞いてやらないといけない。同性間の感染者の五割は東京地区ですから、東京の対策を本気で進めないといけないと思います。

私の目標は、ＨＩＶや性感染症とセックスについていっしょに考えて、同性間での感染が減っていくようになることですが、ゲイコミュニティのなかでこのテーマが浸透・定着し、みんなが課題を共有していくようになることが大切と思います。ＨＩＶについて共有できるようになれば、そこに感染の有無の別なく過ごせるコミュニティができてくるのではないでしょうか。コミュニティの人が見向きをしてくれなければ、いくらやっても活動は空回りをしていくだけだと思います。

そして、ゲイの人が生み出したプログラムは、ヘテロ（異性愛）の人にも通用します。ａｋｔａで行なわれた「my first safer sex」という写真展は、スナップ写真に自分がセーファーセックスを意識したときのことを語った短いインタビューをつけたものですが、これは若いヘテロの人にも通じる手法です。また、ぷれいす東京さんがつくった『Living Together』というパンフレットも、親しみや

ゲイ・コミュニティからの贈り物

①エイズ啓発スペースとして akta（東京）、dista（大阪）、rise（名古屋）が設置され、パンフレットなどが入手できるほか、イベントや展示が行なわれている。ポートレイトに「自分がはじめてセーファーセックスを意識したとき」を添えた「My First Safer Sex」展は、身近な感じが得られて好評だった。

②

③

②③バーに置かれたメッセージコンドーム。ゲイたちがデザインし、東京では「デリヘルボーイ」が配布している。可愛いユニフォームのデリヘルたちは、注目の的だ。

④⑤陽性者の手記の朗読と音楽やお酒などを楽しむ「LIVING TOGETHER ラウンジ」とパンフレットの一例。陽性者のなまの声を体験することで、みんな社会でともに生きているというメッセージが共有されていく。

④

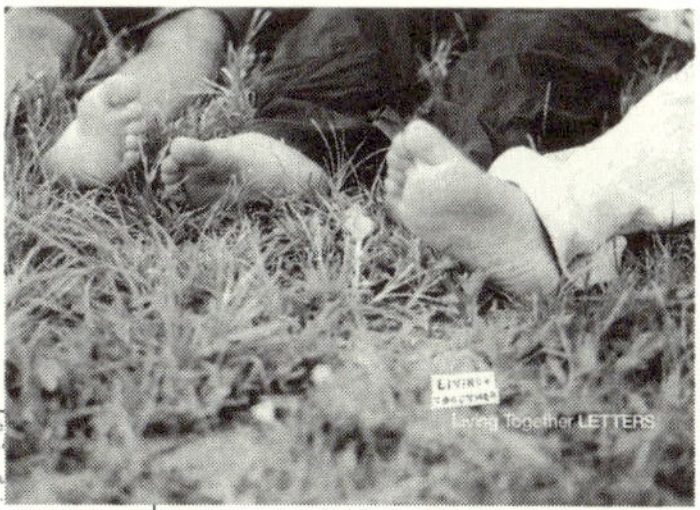

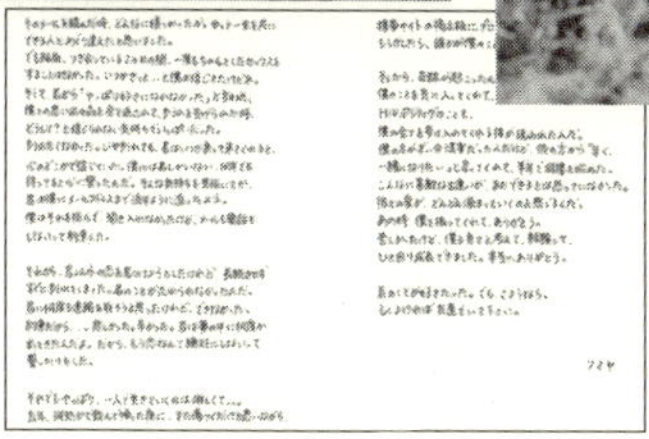

⑤

写真は厚労省科研費『男性同性間の HIV 感染予防対策とその推進に関する研究』報告書より。
問合せ：市川誠一研究室（名古屋市立大学大学院看護学研究科）

すい写真と陽性者自身のメッセージを集め、すでに身近に陽性者がいることを知覚で感じさせるいいパンフレットです。

ゲイに協力したい人はこんなにいる

東京はコミュニティが大きく、さまざまな特性をもったエイズNGOが複数あります。それらがうまく役割分担して、連携できる体制が、いま以上にできていくといいと思います。また、その核として、aktaがみんなの共有の財産として継続していけるようになればと思います。現在、aktaは二年間の試行設置なので、継続や運営についても共有課題になればいいと思います。

今年（二〇〇四年）は一九九四年の横浜会議から十年です。

私がゲイ・バイセクシュアルの人の感染予防に取り組みはじめたとき、「ゲイのことは、ゲイでなければわからない」と言われたことがあります。たしかにそうだと思います。しかし、ゲイも社会のなかの一員です。社会はゲイに理解を、と言うのだったら、ゲイの人たちも私たち専門家に理解を求めてくれなければ、理解のしようがないのです。ゲイコミュニティもまた、社会のなかのコミュニティですから。

「ゲイのことは、ゲイでなければわからない」、その言葉に遠慮して、ゲイにかかわろうとしない有能な人がいっぱいいます。私も最初は構え、ためらい、腰を引いていました。いまもそういう人がたくさんいると思います。「保健所や医療機関の人は、検査や診察、相談に訪れるゲイのセクシュアリティや事情を理解して接してほしい」と言っても、ゲイのことはゲイでなければわからないと言われたら、そこでシャッターが降りてしまうでしょう。

たしかにゲイの人のホントのしんどさは、当事者でなければわからないと思います。だけど、それをいっしょに考えて、その課題を解決していく努力をする人は、ゲイ以外にもたくさんいるということを、知ってほしいのです。

コミュニティを、ぜひ開かれたものとして作っていってほしいと思います。ウイルスは人を選ばないわけだし、みんなでかかわっていくことが必要だと思います。私が関係する仙台、東京、名古屋、大阪、福岡では、医療者など外部の人もかかわって、ゲイコミュニティのＨＩＶの問題に取り組んでいます。それがますます確実なものとして成長していくことが大事だと、私は心から思っています。

『にじ』八号

同性愛者と政治

福島みずほ（参議院議員、社会民主党党首）
尾辻かな子（大阪府議）

福島みずほ（参議院議員、社会民主党党首）

福島党首、おたずねします！
――政治家は同性愛者とどう向きあうか

同性愛メディアで最初の政治家インタビュー

『にじ』誌がゲイ・パブリッシングに足跡を残すことができたとしたら、この福島みずほ・社民党党首へのインタビューによってかもしれません。ほとんどミニコミに近い雑誌でしたが、ともかく法人組織の出版社（有限会社にじ書房）から発行され、ＩＳＢＮ（書籍コード）を付して一般書店に流通する媒体で、同性愛を名乗って政治家のインタビューを載せたのは、『にじ』がはじめてだったと思います。

そのインタビューは、同性愛者と政治の課題を通覧するには便利なテキストかもしれません。

福島さんは著名な弁護士、フェミニスト活動家であり、夫君とは事実婚であることもよく知られています。いきおい同性愛者の知己・友人もおり、戸籍を入れない事実婚と同性愛者のパートナーシップの近似性にも自覚的です。ここまでは「リベラル」な人ならたいてい言えることですが、そうした人でも子どもや身内がそうだったら、というと受け入れられないことがあります。福島さんには娘さんがいますが、本人の性的指向についてはこだわりがない旨、回答がありました。

質問の背景についての補足

質問中にある「ホモフォビック（同性愛嫌悪的）な発言をくり返す政治家」（一六〇ページ）としては、石原慎太郎・東京都知事が有名です。二〇〇〇年上期の芥川賞では、「ホモという異常な世界を余儀なくする主人公たちのスケッチだが、これがまともなヘテロの人間世界だったら何の劇性もありはしまい」（藤野千夜『夏の約束』評）、同時期の東京都人権指針から同性愛が削られた問題では、「特殊な性状を持っている人は見た目ではわからないから、どういう形で人権が棄損されるケースがあるのか想像が及ばない。実感に乏しい問題だ。私は純粋なヘテロだから」（新聞コメント）という発言がありました。

同性間のパートナーシップ保障は、まさに政治の出番ともいえる問題です。

生命保険の死亡受取人の指定には、保険各社とも二親等以内の内規があり、同性パートナーの指定が困難です。それについて福島さんは、事実婚パートナーを受取人にしている自身の経験を紹介されました。

都営や県営などの公営住宅の申込みは、公営住宅法に同居親族のあることという規定があり、同性カップルの申込みは想定されていません。ゲイカップルはともかく、女性として低収入を強いられる場合もあるレズビアンのカップルには、こうした低所得層向け公営住宅の需要は大きいはずです。

入院や手術時の面会や看護は、最近は本人の自己決定として、「この人に説明してほしい」など意思表示があれば病院もそれに従うようです。問題は、本人に意識がない場合、あるいはパートナーと向こうの肉親とで意見が割れた場合などです。また外出中、心臓マヒで亡くなり、救急隊が携帯電話の履歴から連絡をしてきたが、パートナーでありながら「親族」ではないため個人情報保護により詳細を教えてもらえなかった、という事例があります。

健康保険や年金などは、健康保険法や国民年金法などで「配偶者（届出をしていないが事実上婚姻関係と同様の事情にある者を含む）」として事実婚がカバーされていますが、同性パートナーはまったく想定されていません。

パートナーシップ以外では、エイズ問題があります。報告される新規感染者や患者の六、七割は男性同性間での性行為によるものです。対ゲイ／バイセクシュアル男性への啓発が必要ですが、同性愛者施策への行政の腰が重いのは事実です。

ジェンダーフリーや性教育については、バックラッシュや、右派論客によるデマ宣伝が激しい現状があります。そのあおりで昨今、高校家庭科教科書から同性カップルも家族の一つと見なす記述が削除されています。

性的指向による差別禁止を日本ではじめて明文化した人権擁護法は、インタビュー時も、また現在も、塩漬けになったままで、再提案のきざしは見えません。

「護憲」と憲法二十四条との関係について、二十四条は同性のパートナーシップや結婚権を認めるのかも、あらためて問われました。改憲は前文や九条をターゲットとしたものだと思われていましたが、昨今、二十四条もその槍玉にあがろうとしています。このインタビュー後、福島さんが編者となって『みんなの憲法二四条』（明石書店、二〇〇五年）が刊行され、私も寄稿する機会を得たことを申し添えます。

若い同性愛者を励ます「著名人」の登場

このインタビューには、後日談があります。若いゲイに人気のあるゲイ雑誌『バディ』（テラ出版）で、あらためて福島さんへのインタビューに取り組んでくれたことです。

ゲイ雑誌はもちろんポルノグラフィーを中心とした成人雑誌ですが、ゲイへの情報伝達の貴重なルートでもあります。社会の有名人がゲイについて肯定的に語ってくれていること、その中身もこれからの一生にわたる内容であることは、読者である（若い）ゲイに、マイノリティとして生きていくうえで、大きな勇気づけになったと思われます。

カムアウトしてくれる友人が多いんです

——本日は、「イラク・年金」国会のご多忙のなか、お時間をいただき、ありがとうございます。公党の党首が同性愛メディアに直接インタビューを受けることは、日本では、はじめてかもしれません。まず最初に福島さんの同性愛者へのイメージや、交友のご経験などをうかがいたいのですが。

ふくしま・みずほ　1955年宮崎県生まれ。弁護士として女性問題・家族問題などに深くかかわる。1998年、社民党から参議院比例第1位で初当選。幹事長をへて、2003年から党首。著書に『あれも家族これも家族〜個を大事にする社会へ』（岩波書店）など約20冊。熱烈な映画ファンでもある。ご意見はホームページへ直接どうぞ。http://www.mizuhoto.org

私は、友人たちのなかに、カムアウトしているレズビアンやゲイの人がけっこういますし、以前、アカー（ＮＰＯ法人動くゲイとレズビアンの会）が東大の学園祭でシンポジウムをしたときに、ゲストで呼ばれたこともあります。最近もある女の友人から、「私、女性と暮らしてて、でも、カムアウトしてないんだよね。やっぱりレズビアンにたいして差別があるからねえ」と打ち明けられました。

十年ぐらいまえかしら、あるレズビアンのカップルに、「届けを出したいわけではないが、私たちには結婚届を出すという選択そのものがない。この差別を裁判に訴えることはできないか」と相談されたことがあります。そのときは、裁判は手間・ひま・お金がかかるのでやりませんでしたが、もし提訴すれば、日本の婚姻届が異性愛にしか認められないのか、届け出の「妻となる人・夫となる人」という書式がどうなのか、真正面から問えたかもしれません。

これからＤＰ（ドメスティックパートナー）法とか同性婚法とかの運動*のなかで、そうした動きも出るかもしれませんね。

——あと、事実婚でいらっしゃる。

はい。娘が一人います。彼女は夫のほうの戸籍にはいっています。いわゆる婚外子ですので、夫婦別姓選択制の導入と婚外子差別撤廃を、趣味と生き甲斐と実益をかねてやらざるをえない（笑）。戸籍を入れない事実婚と、同性愛者のパートナーシップは、似ているところもありますね。

*ＤＰ法はフランスのパックス法に代表されるような、婚姻とはべつにパートナーシップを実質保証する法制度を言い、同性婚は民法など婚姻法規に同性の婚姻も含ませるものを言う。現在の婚姻制度の問題点（夫婦同氏や家制度的な側面）から婚姻に安易に同乗することへの抵抗感が、運動当事者には強い。

性的指向は当然の課題だ

――昨秋（二〇〇三年十一月）の総選挙にあわせて発表された社民党のマニフェスト「3つの争点　8つの約束」には、同性愛者の人権擁護がはいっています。公党の文書でははじめてだと思います。

ふーん、はじめてなんだ。一九九九年七月に社民党が発表した「二十一世紀人権政策大綱」のなかに、性的指向ははいってます。当時、党の政策審議会で議論して、国連の人権条項などを参照して入れました。

人権と言ったときに、マイノリティの権利は重要だと思うんですね。この社会は、健康で、男で、異性愛者で、日本国籍をもっている人を中心にできていて、それ以外の人は生きにくいでしょ。その人の性的指向がもとで、生きにくかったり、差別を受けるのは、根本的におかし

社民党の政策　3つの争点　8つの約束　より

約束の8.〈人権〉
《すべての人々が、わけへだてなく生きてゆける平等社会を実現します》

8-2.　人権と差別に関わるあらゆる問題を解決するための政策を推進します。

(8)　女性の権利
男女平等社会を実現するために、法、制度、慣行を点検し、改善します。また、日本社会における社会的マイノリティ集団の女性の主張にも配慮し、政策にマイノリティ女性の視点を活かします。女性差別撤廃条約が厳守されるよう政府を監視します。

(9)　性的指向
ゲイ・レズビアンなど性的指向への偏見にもとづく差別の撤廃に取り組みます。

(10)　性同一性障害
性同一性障害者の人権が守られるよう、特例法の改正に取り組みます。

(12)　患者・感染症など
患者・感染症などのプライバシー保護をはじめとする人権保障を確立します。

いです。

住みやすい、生きやすい社会とは、いろんな人がいっしょに生きられるということで、それは「みんなおなじにしろ」ではなくて、多元的な価値を認めることなんですよ。夫婦別姓選択制も、同姓にしたい人はどうぞ、でも、別姓を選びたい人には選べるようにしてほしいということ。反対派は、「自分がやらないことを、おまえもやるな」と言ってるだけなんです。同性愛者も、自分は同性とはヤラない、だから同性を愛するおまえを許さない、と言われているわけでしょ。

性的指向を入れることで、党内で揉めたということはなかったですね。時代はそういうふうに変わってきたんじゃないかしら。

――同性愛者への差別について、どう認識されていますか。

私はパンドラ（映画配給会社）の代表とは大親友で、彼女が紹介した『ハーベイ・ミルク』*の映画は、最初に見たときからショックでしたね。ゲイだということで、最後は殺されるわけですから。『トーチソングトリロジー』とか『アメリカンビューティー』の映画もそう。私、映画おたくなんです（笑）。その人が、その人の責任ではまったくないのに、自分を生きられない、恥ずかしく思う。実際に殺されたり、自殺をする人もいる、それはまったく理不尽だと思います。アメリカほどではないけど、日本でも公園でのゲイ殺人なんかも聞きます。*あと、いわゆる偽装結婚の苦しさを、間接的に聞いたことはありますね。

――ホモフォビックな発言をくり返す政治家もいますね。

私が二十代のころは、女性はすごく生きにくかった。私が政治家としてよかったのは、はじめからメインストリームを驀進《ばくしん》してきたんじゃなくて、女性や、事実婚、婚外子の親として、この社会は生きにくいという経験をしていることです。

北欧に、「平和と平等は、手をたずさえてやってくる」という素敵なコトバがあります。いまは「戦争と差別排外主義が、手をたずさえてやってくる」時代。みんなの許容度・寛容性が落ちて、「多元的な価値が保障されていることこそ社会の強みだ」ということが忘れられています。ジェンダーバッシングや性教育へのバックラッシュ、外国人への排撃もおなじです。そういうことのお先棒を政治家が担ぐことだけは避けたいものです。

＊ハーベイ・ミルクは一九七七年、アメリカで最初にカムアウトして公選の政治家（サンフランシスコ市スーパーバイザー）となる。翌年、ゲイ反対派によって、支持者の市長とともに市庁舎内で暗殺。同映画は関係者の証言でつづったドキュメンタリー。一九八四年制作。

＊二〇〇〇年二月に、夢の島公園（江東区）で、青年が少年たちの「ホモ狩り」のため殺される。公園などでの襲撃は多い。

同性パートナーシップをどう保障するか？

——同性のパートナーシップの保障について、うかがいます。生命保険の受取人は、二親等以内にかぎられ、これは男女でも、事実婚では断られるようです。

私は事実婚のパートナーと生命保険の受取人になっていますよ。これは保険会社との交渉ですねえ。ただ、私とパートナーとは法律上は赤の他人なんで、一方が死んでも、遺言でもないかぎり、自動的に法定相続人にはならないんですよ。また、生命保険の受け取りや相続では、法律婚の場合と税金の待遇が違う。相続税じゃなくて贈与税になります。これはゲイカップルの場合とおなじ状況ですね。

あと、銀行で住宅ローンを組むとき、法律婚だと二人の収入を足せるけど、事実婚だと、足してくれないとか。銀行によっては、組んでくれるところもありますが。

これらは同性カップルと事実婚の共通テーマでもあるんで、いろいろ調べたらいいですよ。

——公営住宅の申込みも、受け付けてくれません。

事実婚は、結婚予定とか、住民票上、未届けの妻（夫）とかは、受け付けるんだよね。同性カップルは無理なんだ。う〜ん、方法としては、交渉！　いろいろなことは、少しずつやってると変わってくるかも。ＤＶ法だって婚外子差別撤廃だって、ちびちびやってると変わってきたからね。窓口の人は法律（公営住宅法）で決まってますと言うんだったら、じゃあ、国土交通省と交渉する。そのときの紹介議員にはなります。みんなけっこう困ってるんだろうね。

レズビアン・ゲイの権利について政府に質問主意書（国会議員が政府に出す質問。国政調査権のひとつ）とか出すとすごいだろうね。作ってみようかな（笑）。でも、質問主意書より交渉やったほうがいいと思う。質問して、ダメですという回答がきたら、そこで固まっちゃうし（笑）、公文書である政府回答が残っちゃうんで。

――入院や手術時の病院の対応なども問題です。

たしかに家族じゃないので面会謝絶とか、恋人が入院しても家族に遠慮してお見舞いに行きにくいとか、お葬式で排除されるとか聞きますね。それは、どうしたらいいか……。

事実婚の場合、最近いいのは、「夫婦別姓です」といえば、はー、ふーん、って、なんとなく納得（笑）。「うちの職場にもいるわ」って。結局、同性愛のカップルが世の中に暮らしていることが目に見えるようになって、住宅でも相続でも、生活のなかで困っている、そのための法律や救済制度が必要だ、と当事者が訴えていく必要があるのかもしれませんね。

――同性パートナーシップの法制化は、日本の場合、どういうものが現実的なんでしょうか。

男女の法律婚以外でも、あるパターンには、家族に準じた権利を認めることでしょうね。まず相続と税金かしら。異性愛の事実婚でも、年金や健康保険は実態に応じてやっているんですね。フランスのパックスのような共同生活者法を、事実婚もカバーして作ったらいいんだろうね。

同性婚については、一つは正面突破で、「同性愛者も婚姻届を受理せよ」と裁判で争うのがありますよね（笑）。もうひとつは、異性の法律婚に準じた保護や法制度を作って、実質を取る。同性愛の人も、みんなが婚姻届を出したいわけじゃないでしょ？　いまの法律の場合だと、同姓になっちゃうし（笑）。

――カップルの保護は、シングル者への逆差別になりませんか。まえの党首もシングルでしたね。

まったくそうならないわけじゃないけど、両方とも保護しないといけないですよね。ただ、シングルの人はあまり問題が起きない。相続がおきないから。事実婚がなぜ問題かというと、その人がいて、もう一人いて、そこに相続や年金・税金の問題が起きるからです。赤の他人とのあいだに、法律上のなにかを導かないといけないわけだからね。だから、シングルでも生きられる、でも、いっしょに生きられるといいね、だと思います。もちろん、シングルの人が生きにくいのも事実ですから。

ジェンダーや性の教育はまだまだ足りない

——つぎはパートナーシップ保障以外の質問です。現在、増加するHIV感染者の半分以上が同性間の性感染です*。一方、対策予算は縮小の一途です。お金さえあれば解決することがいくらもあるのですが。それについては、がんばって言っていきます。社民党では、正直いって取り組めてないですね。ハンセン病や難病には取り組みましたが。

——ジェンダーフリー教育や、性教育で同性愛について言及することへのバッシングや反発が、右派からなされています。

避妊など、女性のリプロダクティブ・ライツ（生む生まないは私が決める）への反発があります。女が自己決定するのは生意気だ、というのでしょう。ジェンダーバッシングは、ステレオタイプな価値観を全員に押しつけようとするもので、社会の寛容性を失わせるものです。行き過ぎたジェンダーフリー教育なんて言われますが、まだまだ足りないのが現実です。

——お子さんには、親としてどういう性教育を望みますか。

娘には、女性であることを肯定的に受けとめてほしい。現実にはいろいろ差別がある、でも、元気に生きてほしいと思います。セックスや避妊、性病のことについては、もちろん知っておいてほしい。世の中には、じつにさまざまなことがあり、それを知ることも、そこから立ち直ることも必要です。

——「ママ、私の恋人です」と紹介されたら同性だった。いかがですか？

それは、いいんじゃない。彼女が幸せに生きてくれればいいと思いますね。

——廃案になった人権擁護法は、どうなるのでしょうか。

性的指向がはいっていたことだけは、よかったんですよね（笑）。私たちは、この法律で設置される人権救済機関である人権委員会を、法務省の外局にするのはダメだ、ベストは独立した機関、次善でも内閣府に置くべきだと主張しました。法務省には刑務所や入管があり、公権力による人権侵害を訴える場合、独立機関でないとダメだと思います。きちんと、「人権侵害救済法」をつくるために、がんばりたいと思います。

——性同一性障害者の性別変更についての特例法は、GID当事者を分断したといわれます。その改正については、どう取り組みますか。

この法律は当事者から陳情を受けて成立したものですが、性別変更のためには「子どもがいない」ことが要件とされました。

でも、認知によって、あとから子が出てくることもありますよね（笑）。この要件にはかならずしも合理性はありません。三年後に見直しされるので、そのとき頑張ります。

＊国や自治体でも、対策予算はエイズブームがあった九〇年代前半のおよそ三分の一になっている。

同性愛者に社民党ができること

――同性愛者の人権保障のために、社民党としては、具体的になにができるでしょうか。

いま社民党の国会議員は、衆院が六人、参院が五人（インタビュー当時）なんで、独自の立法活動はむずかしくなりましたが、DV法をつくるときがそうでしたが、超党派で法律をつくる枠組み作りなどはできますね。本会議や委員会で質問したりする時間はあるし、政府へ文書で質問主意書なども出せるので、どういうかたちでやるのがいいのか、当事者のかたと相談したらいいですね。国会は、なにかを調査する、データを出す、政府に質問する、法律を作る・変える、本当になんでもできるところです。

――党に同性愛者とコラボレートするプロジェクトの予定はありませんか。

マイノリティの人の権利については、多方面から取り組もうと考えています。そのプロジェクトは、まだ具体化していませんが、やるとしたら、党の内閣法務部会で受け持っていきたいと思います。

――社民党は「護憲」ということを掲げます。しかし、憲法十四条の差別禁止項目に性的指向を入れたり、二十四条の婚姻の「両性の合意」を修正したりもしないのでしょうか。

「護憲」は、憲法の一条一文も絶対に変えないというわけではありません。いまの改憲論議のターゲットは前文と九条です。私は憲法に手をつけるまえに、いまある規定をもっと実体化させていくことが必要だと思います。改憲の根拠のように言われる環境権や知る権利など「新しい権利」は、法律を作ってフォローできます。

二十四条の両性の合意は、私も法律家として、これは「両性」に重きを置いているのではなく、婚姻の自由を定めたものだと思います。でも、同性二人が婚姻届を出して、不受理になって裁判をすれば、憲法解釈について真っ向から議論ができて、おもしろいかもしれませんね。

——社民党はこの夏（二〇〇四年）の参院選挙で、比例名簿の上位にオープンリーなレズビアンやゲイの候補者を置くようなことはありませんか。

参議院選挙の比例区は、現在、「非拘束名簿式」で、政党名もしくは候補者名で投票して、配分議席に個人の投票数の多い順で当選するんです。だから、候補者本人の名前が売れてないと、当選しにくいんですね。北欧などで若い人や女性が議会に出やすいのは、まえの日本のような「拘束名簿式」だからだし、私が六年まえに参議院議員になれたのも、社民党の名簿第一位だったから。だから市民運動、とくにマイノリティの市民運動の出身者が国会議員になるのは、むずかしくなりました。でも、地方議会などでは、カムアウトして当選してくる人が出るのではないでしょうか。

——衆参で七百人強の国会議員がいて、これまでなぜオープンリーなレズビアン・ゲイの政治家がいないのでしょうか。

オープンにはしてないけど、そうだという人は、いると思います。私、ゲイやレズビアンの友人が多いから、なんとなく、この人そうかな、ってわかる（笑）。あんまりそんなこと言っちゃいけないか。政治家の世界って、泥のぶつけあいみたいなところがあるから、ネガティブキャンペーンを警戒するのでしょうね。ノルウェーだと、財務大臣と国会議員がゲイで、しかも二人がカップルで結婚式を挙げた報道がありましたね。

――最後に、社民党から同性愛者へ、メッセージをお願いします。

日本の社会は単一の生き方だけを奨励し、それに特典を与えています。同性愛の人たちも、法制度上、困っていることすら認識されていません。どうやって変えていくか、そしてその先のことについて、政治家として、みなさんといっしょにやっていきたいと思います。社民党としての窓口は、個々の議員でもいいし、直接、私あてにメールをお送りくださってもいいです。いっしょにがんばりましょう。

二〇〇四年二月二十日、参議院議員会館にて

『にじ』八号

サヨナラ、おまかせ民主主義
——同性愛者は政治的マイノリティか？

尾辻かな子（大阪府議）

前節の福島みずほさんへのインタビューでは、既存の政治家や政党が同性愛者のことをどう考えてくれているのかを聞いたものですが、同性愛者自身は、行政にどう働きかけ、政治家をどう使ってきたでしょうか。

ゲイコミュニティと政治

・エイズ予防法案への反対（八七年）
・エイズ予防財団監修、マンガ『エイズは笑う』に同性愛者差別的表現があり、同書を回収（九二年）
・文部省編『生徒の問題行動に関する基礎資料—中学校・高等学校編—』（一九七九年）中に「同性愛」を「倒錯型性非行」の一つとした記述を削除（九三年）

あとの二者は「動くゲイとレズビアンの会」により得られた成果で、これらの交渉にはいずれも同会がロビーイングした国会議員の紹介・立ち会いがありました。

さらに二〇〇〇年には東京都の人権指針案から同性愛（性的指向）が削除されたことへの反対運動があ

りました。このときは、公明、民主、共産の都議による議会質問、公明党都議の立ち会いによる申し入れ、二十九団体が賛同しての要請書、七百五十通近いパブリックコメントなどにより復活が果たされました。また、それに前後して人権擁護法案への働きかけがあったことも先述したとおりです（一四ページ）。

しかし、まだまだ政治の課題は特殊で「怖い」もの、一部の「リブ活動家」のみがやるもの、「大事なんだろうけど、ちょっと遠い（怖い、面倒）」という印象がぬぐえないものでした。

尾辻さんのカムアウト

二〇〇五年夏、代々木公園で三年ぶりに開催された東京レズビアン&ゲイパレードの出発イベントの壇上で、尾辻かな子・大阪府議会議員は三千人近い観衆をまえにこう述べました。

「きょう、私は、レズビアンとして歩きたいと思います」

日本で最初の、カムアウトした公選による同性愛者の政治家の登場でした。それと時期を同じくして自伝『カミングアウト～自分らしさを見つける旅』（講談社）を刊行、レズビアンであることを公表しました。

尾辻さんは二〇〇三年四月、最年少の大阪府議として当選。カムアウト以前にも、性的少数者の子どもと学校教育などについて質問に立ったり、関西の当事者グループが出した府への要望書の手渡しに立ち会ってきました。ここに再録する『にじ』のインタビューはカムアウト以前に行なわれたもので、マイノリティも政治に関心をもつことが大切だ、ということを「外部」から語るというスタンスでまとめられています。

カムアウト後の尾辻さんは、大阪府の住宅供給公社住宅に非親族でも申し込みが可能なハウスシェアリング制度を導入させたり、府立病院での患者の面会・立ち会いは同性パートナーでもかまわないという答弁を引き出すなど、八面六臂《はちめんろっぴ》の活躍。最近は、全国四都市・五会場で、「同性パートナーシップの法的保障を考える全国リレーシンポジウム・レインボートーク２００６」を呼びかけるなど、名実ともにコミュニティのリーダーとしての活動を展開しています。

当事者の政治家ひとりいるだけで、これだけのことがやれるのか――。いまさらながら政治の大切さを思うとともに、「一票を投じる」ことの重みが身に沁みます。

最近、同性愛者のあいだでは、各地で選挙のまえに候補者や政党へアンケートを発送し、結果をホームページで公表する動きも盛んです。また、行政への申し入れは、札幌のグループ*が道や市に積極的に重ねています。これも静かな政治意識の高まりです。

職能団体、専門家の動き

政治家も一つの専門職ですが、ここでコミュニティ内でも専門職の人たちが同職で集まり、みずからの職能でコミュニティになにか還元したり、社会に発言して異性愛の同職の人たちへの伝達ができないか、と行動していることをご紹介しましょう。

医師、カウンセラー、福祉職、教員などが集まるＡＧＰ（同性愛者専門家会議）は、当事者への電話相談や「自分を語る会」「セミナー」などを提供しつつ、各種学会の場でも分科会をもって、たとえば患者やクライアントとして現れる性的マイノリティへの理解を同職者に呼びかけています。

セクシュアルマイノリティ教職員ネットワーク（ＳＴＮ）は、定期的に学習会を開き、通信を出すかたわら、『セクシュアルマイノリティ』（明石書店、二〇〇三年）を刊行し、社会への情報伝達につとめています。

プロ・アマを問わないイラストレーターや写真家が参加する「レインボーアーツ」は、毎年、定期展を開いています。

ゲイたちが憩いの場とし、お客さんから相談を受けることも多いゲイバーのマスターたちが連合して、行政からの助成金も得ながらＨＩＶの啓発イベントをつづけているところもあります（札幌のＳＭＡ＝札幌ママアソシエーションなど）。

これからぜひ欲しいのは、弁護士など法律家のグループ、それからメディアに携わるジャーナリストやプロデューサーたちのグループなどです。同性愛者自身の高齢化にそなえ、介護や老人福祉の専門家グループ、また作家や編集者など文芸一般にかかわる人たちの同性愛ＰＥＮクラブもいいかもしれません。

※北海道セクシャルマイノリティ協会ＨＳＡ札幌ミーティング、北海道道北圏性的少数者福祉ネットワークによる、道知事あて「性的少数者の人権に配慮した社会環境の整備についての要請書」（二〇〇六年一月）。また毎年九月のレインボーマーチ札幌には、市長があいさつに参加し、パンフレットには道知事・市長がメッセージを載せている。

女性と若者がぜんぜんいない議会って？

私が二度目の大学生活の三年生を終えた、春休みのことです。就職課の窓口で、一枚のポスターに目が止まりました。

「政治家はテレビのなかの住人ですか?」

それは地方議員のもとで研修するインターン生を募集するNPOのポスターでした。「そういや議員って、なにしてるか知らへんなあ。ちょうど春休みの二週間やし、やってみようか」。そんな軽い思いで応募した私は、大阪府茨木市の桂睦子さんという無所属の若手女性市議のもとへ派遣されました。二十五歳のときでした。

そこで、すごい驚きと発見があったんですね。議会質問の準備のために調べ始めると、たとえば水道料金など、地方自治体が自分たちのいちばん身近な生活のシステムを担っていることを、はじめて知ったのです。

そう思ってみてみると、生活に密着しているはずの自治体の議会に、なんと女性や若者が少ないことか。「議会はその町に住む住民の声を届けたり、その立場に立ってチェックするのが役割やのに、偏ってない?　変えないかんのんとちゃう?」という思いが、私のなかに生まれてきました。

インターン経験のなかでいちばん思ったのは、「政治って、だれかに任せていては、変わらへんねんな」ということでした。インターンに応募した若者たちで、なにかしてみようと、ちょうど茨木市長選、つづいて衆院の総選挙があったので、立候補予定者に呼びかけて公開討論会の運動を始めました。選挙って、たんにうるさいだけとか、政策も選びようがないと思っていたけれど、それなら、自分たちで政策を聞いたり比較したりする場をつくろうと動きました。自分たちがおかしいと思ったことは自分で変えていける、そう思えた経験でした。

その翌年の一月に、お世話になった桂さんの改選があったため、十月から手伝い始めて、それが終わったころには、自分の卒業時期が来ていた（笑）という具合で、卒業後は選挙活動のなかで知りあったある市民団体の事務局に、有給スタッフで雇ってもらうことになりました。

そうやって約一年、まわりの議員さんと活動していくうちに、これからも平和運動とか政治と生活をつなぐ仕事をしていきたいと思いました。やりたいことを仕事にするには、議員が一番いいなと思いはじめました。尊敬できる議員に出会うことができて、自分も一緒に変えていく仲間になりたいと感じたのです。また、実際、議会では本当に女性が少ないという現実もありましたので、それを変えていくためにも、まず自分が動こうと思って、まわりの人に相談もはじめました。

二〇〇三年の統一地方選で、大阪の堺市で山中きよ子さんという、四期つとめた女性府議が勇退されることになりました。山中さんとは面識もあり、尊敬もしていました。百十二人いる府議で女性が七人しかいないなか、女性で無所属市民派の山中さんの議席を失うのはとても残念でもあり、私でよければやらせてくださいとお願いし、山中さんも若さと可能性に賭けるとおっしゃってくださって、選挙に出ることになったのです。初選挙で府議選は、珍しいパターンだと言われました。

あなたの声は政治に届いていますか？

選挙公約を、スタッフたちとわいわい言いながら作ってゆきました。「あなたの声は政治に届いていますか」は最初のビラのキャッチフレーズで、いままで届かなかった声を政治に届けていきたい、と訴えました。

届いていなかった声とは、女性、若者、子ども、在日外国人、そして性的マイノリティの声などです。

いまの政治の枠からこぼれ落ちている／こぼれ落とされている声を届けていきたい。それで公約のなかに性的マイノリティの課題を入れました。

「尾辻かな子とレインボーネットワーク」と名づけた政治団体では、住民参加の政治や環境自治体づくりなど、七つかかげた政策のうち、「もっと自分らしくのびやかに生きられる社会に！」という枠で、「セクシュアル・マイノリティ（性的少数者）の存在を、まず知ってください」という項目をあげました。

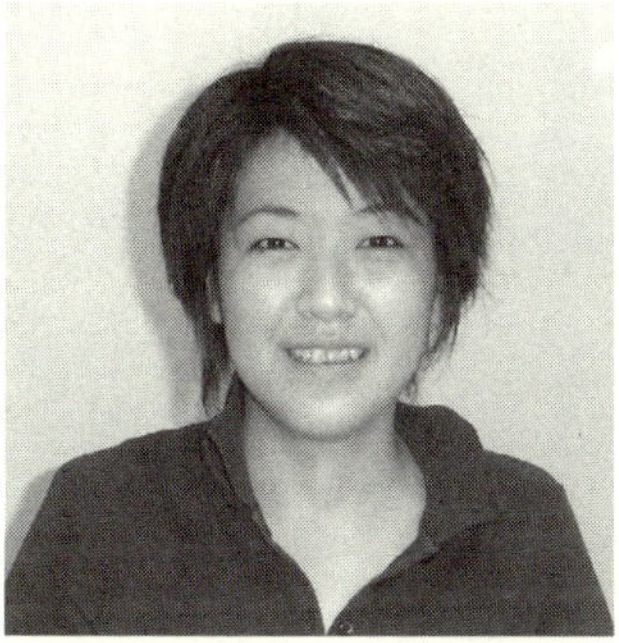

おつじ・かなこ　1974年、大阪府生まれ。世界環境サミットに影響を受けて大学は林学科に進むが、進路に悩み帰郷中、阪神大震災に遭遇。その後、韓国へ9か月間留学。帰国後、同志社大学商学部へ再入学。議員インターンシップを経験して大きな転機となる。03年春、与謝野晶子の生地・堺市から大阪府議に挑戦、28歳の最年少の当選者として全国的にも注目された。
http://www.otsuji-k.com/

私がこの問題を入れることを提案したとき、「有権者にわかってもらえるかなあ？」という懸念は出されました。選挙チラシの限られたスペースや文字数のなかで性的少数者と言っても、何人の人に伝わるんだ、と。しかし、いまは性的少数者と言って、それが届く人にまずは届いたらいいと思って入れました。まず掲げることが大切です。

でも、若い候補者のなかには、こうした問題に関心を寄せる人も増えていきますよ。若い政治志望者でつくる「グリーンユースキャンペーン」から高槻市議に当選した二十五歳の野々上愛さんも、政策に入れています。じょじょにですが、時代の課題としてキャッチされていると思います。

こうして作った政策集をいろいろなところに配っていくなかで、それを見たＧＩＤ（性同一性障害）の当事者のかたが私の選挙を手伝いに来てくれたり、関西のレズビアン・ゲイのグループからかけつけてくれたかたも、大勢いました。

いわゆる「地盤・看板（肩書き）・かばん（金）」のない私にできる選挙運動は、駅などに立って、直接思いを訴えることだけでした。そのなかで、いちばん訴えたかったのは、政治や時代の閉塞感は、人が変わらないかぎり打破できない、ということでした。平均年齢六十歳ちかい、男の議員たちばかりの府議会に、自分の未来を託していいのか？　女性の声、若者の声、性的マイノリティの声を届けたい。これから時代の中心となる世代の声を届けたい、と訴えました。

はじめは若い私がマイクでしゃべっていても、選挙とは気づいてくれなかった人びとも、二回り目ぐらいから認知してくれて、ビラを受け取った人が電車のなかからメールでアクセスしてきたりとか、だんだん手ごたえを感じました。

行政に働きかける当事者のネットづくりへ

性的少数者の課題について、府議としてこんなことができるのではないかと考えています。

大阪府では「人権尊重の社会づくり条例」にもとづく「大阪府人権施策推進基本方針」という、人権推進施策の叩き台ができているのですが、そこに性的少数者の人権について存在が確認されています。では、担当課のかたをお呼びして、実際どのような施策があるかと聞いてみると、じつは具体的な施策はないのです。つまり、建前はあるけれど、中身についてはまだスカスカなんです。このような問題こそ、当事者のがわから積極的に施策を提案していくことが必要だと思います。

私が所属したのは、教育文化常任委員会ですが、たとえば教育委員会の人権教育のなかで、先生たちに性的少数者について啓発の研修を進めるよう求めるとか、トランスジェンダーについてだと、これは建築都市部なのですが、新しく建物を建てるときは、「みんなのトイレ」といって、性別や障害の有無にかかわらずだれでも利用できる多目的トイレを設計するとか、いろいろ考えられます。まずは職員に意識をもってもらうところから始めないといけない。担当課の人権室のかたも、「性同一性障害者の性別の取り扱いの特例に関する法律」(GID特例法)が国会で成立したことは知っていても、その当事者と会ったことはないわけです。行政の人と当事者とが話しあえる場を設けていくのも、議員の仕事だと思います。

そういう意味で、私はいま、関西で活動する性的マイノリティのかたがたが連携して行政と向きあえる窓口となるようなNPOが作れないか、と考えています。今回の選挙を手伝ってくださった当事者のネットワークができたのですから、アクションを起こしたり、さらに大阪で活動をしているほかの人を繋ぐような活動を、自分ができないだろうかと思っているのです。いま、社会的に積極的に活動しているのはGIDの人が多く、同性愛者のかたとのネットワークが希薄なのが難点なのですが。

しかし、私自身も同性愛者が政治の面でなにを獲得していけばいいのか、ぜひ、当事者のかたがたと連携して明らかにしていきたい。国の法改正をともなわないでも、やれることはいろいろあります。

政治から置き去りにされる若者・マイノリティ

現在、若い世代を中心に、政治への無関心がひろく蔓延しています。政治や選挙ではなにも変わらないという無力感が、支配的です。

しかし、私たちが政治に無関心であればあるほど、政治家も私たちに関心をもたないのです。選挙の投票率を見ると、年齢に比例しています。選挙ごとで違いますが、単純にいうと二十代が三〇パーセント、三十代が四〇パーセント、四十代が五〇パーセントという具合です。すると、議員は自分たちに票をくれた人に向けて政治をしていくわけです。選挙に行かないで影響力を行使しない二十代は、ますます政治から置き去りにされています。そのことに早くみんなで気づこうよ、と言いたいのです。

いま、世代間の不公平はどんどん拡大しています。その一つの例として、国全体の失業率は五パーセントほどですが、そのうち十五～十九歳になると一二とか一五パーセントにはね上がります。二十代の失業率も約一〇パーセント。失業対策で若い世代は取り残されている。政治的な発言力がないことで、若者が政治的弱者に置かれたままなのです。こうした例は、年金でも福祉でもいくらでもあります。

性的マイノリティも、政治的に存在が見えないから、施策からどんどん置き去りにされているのかもしれません。

しかし、「性的少数者」という言い方をしますが、私はほんとうに「少数者」なのだろうかと思うのです。この国の同性愛者は、数ではきっと多いはずです。マイノリティというよりは、社会を担っている一つの集団としての自覚をもっていいと思います。

他人任せでは、いつまでたっても存在しないものにされてしまうでしょう。日本ではカムアウトは風土になじまない云々と評論する人もいるそうですが、運動の基本は、まず当事者が声をあげることであり、だれかがどこかで解決してくれるものではないということでしょう。「おまかせ民主主義」ではダメなのです。それではいつまでたっても、自分たちにとって住みやすい社会は実現しない。

人口比率でいえば、一定数いるわけですから、その声を届ける人としてゲイやレズビアンの議員がいままで出ていないことが、おかしいと思っています。

その点で、ＧＩＤ当事者のなかから上川あやさんが、世田谷区議に立候補して当選したことは、大きな意味がありました。彼女もグリーンユースキャンペーンの仲間ですが、性同一性障害者からの問題提起をかかげて立候補をしたときは、「ああ、こういうやりかたもあるのか」と、目を見開かされました。生活に密着した区や市のレベルでは、上川さんが政治の現場に出たことの威力はすごいと思います。社会的な認知度があっというまに広がりましたね。いままでは、こういう人もいる、特別なんだ、と社会の隅に追いやられていたものが、公職につくことで、社会による認知ががらっと変わった。しかも、それが個人的な趣味嗜好の問題ではなくて、社会制度に絡んだ問題だということが実感されます。公職にある人のカムアウトの重要さを感じました。

市民はもっともっと政治家を使おう

たしかに、人びとの政治的無関心の原因として、議員のがわも、情報公開や発信を怠ってきました。しかし、若者は政治に興味がないといっても、一対一で話してみると、みなさん、いろいろと意見はあるのです。生活しているかぎりは、当然です。いままでは、それをどこへ言ったらいいか、だれに言ったらいいか、どうしたらいいかがわからない状態だった。

思えば、私たちは地方の自治体がどういう仕事をしているか、教育のなかで習っていません。実際の政治のことは学校では避けられて、本当の意味での政治教育や、その模擬訓練として、たとえば自分たちの話しあいで学校を運営していくような生徒会活動など、自治の基本を学ぶ機会が設けられていない。地方の二元代表制（首長と議会をそれぞれ直接選挙で選ぶ）と国の議院内閣制（国会議員が政府の首班を選ぶ）のちがいもハッキリ知らない。マスコミの「政治はなってない」という報道だけが耳にはいってくるなかで、私たちのような市民が政治へはいっていって、政治の魅力や重要性を伝えていく努力を、もっともっと重ねていかないといけないでしょう。

一方、有権者のみなさんからは、議員って近寄りがたい、生臭い、自分たちには会ってくれないんじゃないか……などの思いがあるでしょうが、議員自身は市民の声を求めているんです。自分一人で接することのできる情報はかぎられている。もっと繋がりたい。なにかあったら、メールなり、電話なり、声をかけてほしいのです。

市民が議員を代理人として使って施策を生みだしていく動きは、始まったばかりです。目的達成のために、議員は議会でどういう発言をしたらいいのか、連携が模索されています。東京都の人権指針で同性愛が復活したのも、議員へのロビーイングが成功したからですし、ＧＩＤ特例法も、議員に訴えかけて、国を動かした結果です。

政治が悪い、と批判するのは簡単ですが、それを変えるために、自分たちがなにができるか、おたがいに問い直しましょう。政治を軽蔑する人びとは、軽蔑に値する政治家しか持てません。近いう

セクシュアル・マイノリティ（性的少数者）の存在を、まず知ってください。

私たちの社会には様々な人がいます。セクシュアル・マイノリティ（性的少数者）と呼ばれる人もそのひとつです。性的少数者とは、同性愛者（ゲイ・レズビアン）、性同一性障害、インターセックス（先天的に身体上の性別が不明瞭であること）の人々を含む総称です。どのような社会においても、このような人々が３～10%は存在しています。しかし、日本においては人権問題として取り上げられないことで、これらの人々の存在を無視し、問題点さえ見えない情況です。みんなが「同じ」ではなく、「人と違うことが多様性」として認め合える社会こそ、すべての人に優しく豊かな社会となるはずです。だからこそ、私たちは今まで議会には届かなかった少数者の声を議会に届けます。（尾辻かな子・公約パンフレットより）

グリーンユースキャンペーン、とは？

尾辻さんのインターンシップ先・桂睦子市議ほか、市議や大学教員ら７人を発起人に、2003年の統一地方選で30代までの若手政治家をより多く議会に送り出そうと結成されたキャンペーン。欧州「緑の党」を参考に、経済成長一辺倒でない価値観や新しいライフスタイルを望む若者らの力で、古い政治を塗りかえていくことを目指した。「持続可能性」「多様性」「公正」「自己決定」の４つをキーワードに、全国で16名の当選・再選者を送りだした。

ちに総選挙もあるでしょう。限られた選択肢でしょうが、最良の選択をし、その後もチェックしつづけてほしいのです。

そろそろ同性愛者の公職者が出てもいい

もっといろんな人が、議員になれるといいですね。サラリーマンが休職して議員になるとか、そんな制度があるといいです。いまは、すべてを捨てて選挙に人生を賭けるようなことになり、それが政治を遠ざけたり、壁になっています。お金もかかる。特別な人しか立候補できないようでは、多様な声は議会に反映されません。

読者のなかで、政治を志している人もいるかもしれませんね。自分が心のそこから、いまの政治を変えたいと思いさえすれば、だれにもその資格はあります。

同時に、たとえば同性愛者の人権問題を訴えるなら、それだけに止めず、部落や障害者や女性や在日外国人など、ほかの課題と連携をとることも必要です。それらにはこれまでの積み重ねの歴史があり、おなじようなことで悩んだり、施策に当事者の声を反映させてきた経験があります。それをもっと学び、取り込み、繋がっていくことは必要ではないでしょうか。

この問題は社会の問題であり、自分たちだけが被害者ではない、私が自分らしく生きられない社会は、みなさんにとっても生きにくい社会だという訴えがないと、自分の大変さを述べるだけでは共感は得られない。市民運動団体は、一つの社会的課題を訴えることが役目でも、議員は社会のさまざまな課題について取り組み、変革を実現させるのが仕事です。

　こうした困難がありながらも、そろそろ同性愛者として政治に挑戦する人が出てきてもいいころですね。二〇〇七年の統一地方選では、列島の各地でそういう動きが出ると、「ああ、時代の流れだな」という感じがします。そのための、政治を志す当事者のかたの繋がりづくりには、私も協力したいと思います。

　もちろん、じつはすでに政治の場にいる同性愛者が、公職者としてカムアウトする動きも、出てきていいころだとは思っていますが。

二〇〇三年八月八日、堺市の尾辻事務所にて
『にじ』六号

「私」から始まる共同性

宮崎哲弥（評論家）
小熊英二（歴史社会学者）

宮崎哲弥（評論家）

論の対象としての共同体
――ひとつのコミュニタリアン宣言

九〇年代リブの担い手のメンタリティ

九〇年代にゲイシーンを盛り上げた世代は、おもに一九六〇年代生まれの人びとでした。私もそのなかにいて、ゲイムーブメントの洗礼を受けた一人です。

その世代が年齢を重ねて三十代後半や四十代になったいま、同性愛者の大人としてどこへ向かうのか。曲り角で、立ちすくんでいるように思われます。

私のような六〇年代生まれの人びとは、バブル時代の喧噪を知っています。西武セゾン、ニューアカ、パラノにスキゾ、芝浦ゴールドに羽毛扇、パステル調のわたせせいぞう……地に足のつかない軽やかさに、むしろ陰鬱が晴れたような風通しのよさを感じながら、同時にこんなことといつまでも続くはずがないというクールな予感。九〇年代初頭のゲイブームや、ゲイアイデンティティの受け入れにも、ちょいとフランス哲学風の味付けがしてあったような気がします。

そういう時代に自己形成した世代から見ると、上の世代はともかく重たく、うっとおしい。団結大好き、仲間大好き、「ガンバロー」大好き、なにごとにつけ暑苦しい。学生運動でも、会社でも、すぐ派閥をつくって、切った張ったの大騒動。おまけに年金「もらい逃げ」できてずるいー。

一方、下の世代はと見ると、おたがいの関係があまりにも切れてバラバラ。政治も選挙も、社会も他人も、「関係ない、があたりまえ」。関心があるのは半径三メートル以内と携帯だけ。危ないなあ。なにかでドカンと持っていかれるぞ、と思ったら、案の定、九・一一にみんなで自民党に入れて来ちゃった……。

こういう上下にはさまれて、六〇年代生まれである私は、なんだか自分たちがすごく異質な、あるいはワリを食っているような、そんな感覚があったのです。

『にじ』を創刊した背景には、そんな寄る辺なき六〇年代生まれがどうも溜まっている、自分も含めたそういう人たちの場をつくりたい、という思いがありました。私的欲望である性愛にもとづく雑誌で「コミュニティ」「コミュニティ」と呼号したのも、そういうことによります――その「コミュニティ」なるものがなんなのか、実体も定義も示してはいないのですが。

コミュニタリアンの思想

私が抱いていた感覚を先駆的に展開し、そこにむしろ可能性を見いだしているのが、おなじく一九六二年生まれの評論家、宮崎哲弥さんでした。というか、そのとき三十八歳だった宮崎さんがインタビューに答えて語った「三十歳代論」を雑誌で読んで、自分とおなじことを感じている人がいたことにとても勇気づけられたのです（そのインタビューは現在、宮崎『憂国の方程式』ＰＨＰ、二〇〇一年、の終章に収録）。

宮崎さんは、そこで韓国政治の新世代と言われた「３８６世代」（三十代で八〇年代の民主化運動に参加した、六〇年代生まれ世代）とのシンクロニシティから語りおこして、うっとおしい「世間」や「共同性」

と無縁になった日本の「386世代」の特色をあざやかにくくり出します。
そうした世代には、ムラ・イエ・カイシャが強いる道徳でもなく、イデオロギー的な正義でもなく、クールな倫理性や論理性にもとづいて、新たな「公共」を設定しうる可能性があると宮崎さんは言います。その公共とは、なにが公共かと問われつづけるところのもの、つまり論ずるものとしての共同体、フィクションとしての共同体である。しかし、人は共同体に依《よ》るのでなければ、国家に抵抗するすべはないのだ、と喝破します。

宮崎さんの言うことは、寄る辺なき浮き草のようだった六〇年代生まれの私には、じつに腑に落ちるものでした。私は宮崎さんが言う公共性が再設定されてくれなければ、私たちにはもう立つ瀬がない、そんな思いがします。それには、論じあうことです。右だ、左だ、立場だ、派閥だ、ではなく、クールに論じあうこと。

私にとって「ゲイコミュニティ」とは、公共性の再設定のなによりの実践と感じられます。なぜか私（たちの世代）のなかには、「公」というのは抑圧でもあるが、しかし、人はどこかでそれを求めなければならない、とでもいう倫理感が残っているのかもしれません。そうした私たち世代へのエールとして、宮崎さんに「六〇年代生まれには希望がある」（原題）として三十代論をお願いしたのでした。

東京レズビアン&ゲイパレード

公共性ということに関連して、東京パレードについて触れたいと思います。
八月中旬、代々木公園を会場とし、渋谷原宿の約四キロのコースを歩くパレードが実施されています。社会へ向けてのマイノリティの存在アピールであり、マイノリティである自分自身へのセレブレーション（祝福）です。登録歩行者（警察への申請上、デモのかたちをとるため、参加者は登録が必要）は二千五百人、沿道参加者が千人、ゲイコミュニティ最大のイベントと言えます。

なぜパレードなのか。なぜ白昼、顔をさらして街頭を歩くのか。人により、参加者により、答えはさまざまです。会場でのイベントやシンポジウム、立ち並ぶブース、広場での参加者の交流。さらに当日前後のサテライトイベントで、人と人とが集うなか、パレードはさまざまに語られます。現場にいなくとも、噂で、ネットで、論の輪は広がります。歩くだけがパレードではない。パレードを軸に直接間接に、論の輪が仕掛けられていきます。

共同体とは、コミュニティとは、実体ではなく「論」の対象である。それに加え、やる気になればすぐに直接接触が可能な範囲のもの、と宮崎さんは本文中に述べています。

宮崎さんの言うコミュニティの一つの例が、このパレードなのかもしれません。

とても真っ当な六〇年代生まれ世代

三十代とはなにかという世代論を、というお求めですが、もはや私たちのあたりから、「三十代」という世代的固まりがあるとは、信じていないんじゃないでしょうか（笑）。世代という共同性はなくて、異質な個々があるだけ。

だからと言うべきか、私はここから「異質な日本人」が始まっている感じがするのですよ。三十代は、といっても、私は四十歳になりましたから、六〇年代生まれと言いかえてもいいですが、「断面の世代」という感じがしますね。これまでずーと続いてきたものが、自分の目のまえでパッと途切れた感じです。

六〇年代生まれでも、六〇年や六一年生まれの人は、その上の全共闘世代や左翼イデオロギー、戦後民主主義と闘ってきました。ちなみに先輩の評論家たち、中森明夫・浅羽通明・大月隆寛の三氏が、一九五九年生まれです。しかし、それ以下の私たちになると、もはや批判の対象、「敵」が存在しません。

そのことがある種の寄る辺なさとか不安定さにつながって、向かうべき敵がいないぶん、えんえんと「自分探し」をやっているのが私たちだったと思うのですね。

大人になることでいえば、昔のほうが、はるかに簡単だったでしょ？　大人という既成の背広があって、就職、結婚、出産、子育て……そういうコースを歩めば大人だと認められた。それがなくなったのはいいことですが、こんどは自分に似合う服をえんえんと探さなければいけない。

そのいちばん病理的な形態が、オウム真理教だったと思います。ちなみに上祐史浩と私は、同じ一九六二年生まれです。

しかし、私たちにはこれまでとは「異質な日本人」として、いろいろな可能性があるのではないでしょうか。

私たちより上の世代は、サヨクとか全共闘とか国家とか、イデオロギーで固まって、いまだにそれで通用すると思っています。私たちは八〇年代の「ニューアカ」ブームを通じて、イデオロギーが抜けていく瞬間を見てきた。だからといって、下の二十代の若者たちのように、あっけらかんと脱イデオロギーになりきって、ワールドカップでどどっと、ナショナリズムで盛り上がったりもできない。

「まだこのままで通る」と思っている上の世代と、「関係ない、が当然」の下の世代にはさまれて、私たちはシンドイところでしょうが、そのぶん私たちは、まず自分の現実生活に価値をおいて、国際社会でも市場でも、国でも社会でも、クールに見るスタンスをもっています。

これは、これから低成長もしくはゼロ成長の「冷えた社会」に突入する日本には、とても向いた人種ではないでしょうか。「プロジェクトX」世代の「血の熱い」人たちは、今後、適応不全を起こすでしょう。

三十代は、居酒屋でクダを巻くより、その時間とコストで自分の生活や趣味を充実させたいと考えます。ゴールデン街で殴りあいの政治論をするより、おなじするならコンピュータでデータを収集して分析したり、他分野の専門家と意見や情報を交換するほうが有用だと思っています。

これって、とても真っ当じゃないですか？

五十代以上のオヤジ世代の、「オレたち、みんな仲間じゃないか」意識——それは左翼運動でも、会社でも、あるいは国家でも——

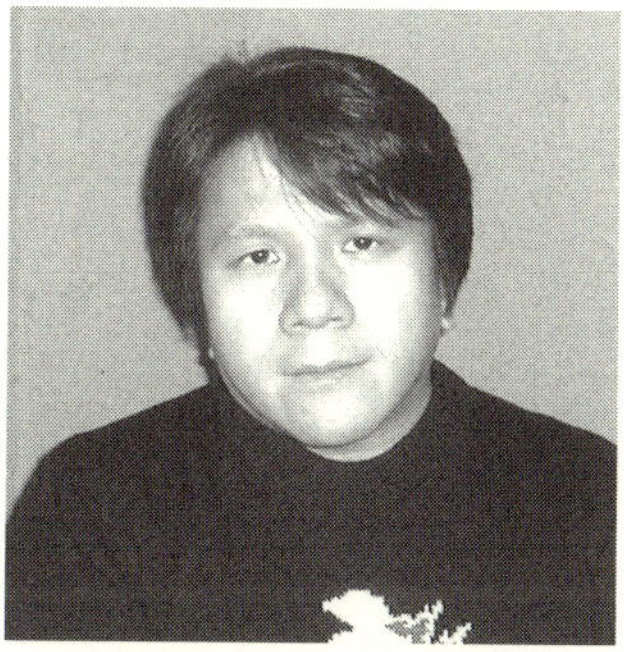

みやざき・てつや　1962年生まれ。広告代理店研究員を経て執筆活動へはいる。国家論から宗教・教育、アニメ論と活動範囲は広く、「若手」「新進気鋭」を脱して、本格派論客としての認知を確立。「朝まで生テレビ」などへ出演のほか、TBS系ラジオのバトルトークラジオ「アクセス」でパーソナリティを担当している。著書多数。

は、もはや私たちには通用しません。そんなイデオロギーが抜けて、「みんな他人」となったところから、それでもどう合意をつくりだしていくか、その課題と方法に気づいているのが、私たち三十代、あるいは六〇年代生まれだと思うのです。

マイノリティ運動への反動がやって来る

その六〇年代生まれのよい特徴のひとつは、現実にあるものを、差別や偏見なしに受け入れることに、あまりこだわりがないということです。

本人や友人が、結婚や離婚、不倫をくり返し、従来の性的な規範が崩れることに、それほどの抵抗なく慣れています。同性愛についても、「べつにいいんじゃない?」と、とくに抵抗はない。ゲイだからといって、あからさまに差別や排除の対象にすることは、少なくとも私たちの世代では、きわめて少ないと思います。

ところが、気持ちのうえでの受容はすすむ一方、社会や法制度には、差別や時代遅れのものが残っている。なまじ気持ちのうえでの受容が進んでいるので、それを苦労してまで改革しようとする動機づけが、社会全体では縮小してきている印象があるのです。

これはマイノリティの運動にとって、ひじょうにやばい情況で、いわば飼い殺し状態に近いと思いますね。

九〇年代以降、マイノリティの運動がだんだん力がなくなってきているのは、人びとの頭のなかでマイノリティの存在が受容されていくことと、ちょうど裏腹です。受容は進むが、制度はいっこうに変えられていない。少しずつ法制度も変わっていけばいいのですが、意識と制度のギャップとしてためこまれていった力は、いつかどこかで、巨大な反動としてやってくると思います。

ゲイリブが進んだ欧米でも、ブッシュ政権は同性愛禁止法や中絶禁止法を出そうとしています。パット・ブキャナンという超右派の論客の本が、ベストセラーになっている。フランスでも、同性愛カップルの登録を認めたパックス法などに、カソリックからの巻き返しが起ころうとしています。それらに大衆的な支持があるわけです。それと似たような反動が、まだなんの権利保障も法整備もされていない日本でも出てきたら、とんでもないことになるでしょう。

事実、日本でも、ジェンダーフリー教育に保守派の議員が反対したり、男女共同参画の条例が右翼的に修正されて、それが広い支持を得たりする情況があるわけです。フェミニズムへの反動は、すでに出はじめている。

そんな情況のなかで、フェミニズムやマイノリティの運動が解体したとき、この国の価値観の多様性をどうやって保障するのか？　対抗軸がどこにもないじゃないか、という感じが、私はひじょうにしますね。

国家への抵抗軸としての共同体

その対抗軸として、私は共同体主義、コミュニタリアニズム——人はコミュニティによってしか立ちえない、という立場を選択するものです。これは八〇年代のレーガン・サッチャー路線に対抗して、英米の政治哲学や倫理学で有力になってきた考え方です。

さきに断っておきますが、この共同体主義は、日本ではしばしば国家主義と間違えられてきました。しかし、共同体主義とは、むしろ反国家主義であるということです。

同時に、英米の共同体主義者もそうですが、私も共同体を実体として認めているわけではありません。人びとの関係性の束として、共同体というものを仮りに考えているだけです。

そこには、人びとが直接触れあうような関係性がないといけない。だから私の考える共同体には、ローカル（地域的）な共同体もあれば、ゲイコミュニティのような、性的指向をもとにした共同体もあるでしょう。これらは、国家とは本質的に違うものです。

なぜ国家とは違うか。国家とは、マスメディアによってつながれた、バーチャル（想像上）な共同体です。はじめは新聞によって、のちにはラジオやテレビなどのメディアでつながれなければ、「私たちはみんなおなじ国民なんだ」という意識はありえなかった。北海道の人が沖縄での殺人事件を憂慮する、なんてことは、メディアによってつながれた疑似共同体だからありえることです。

それにたいして、私の考える共同体は、見晴しのきく範囲内の、やる気になればすぐに直接接触が可能な共同体です。

もちろん、私はそういう共同体が「善」であるとは、一言も言いません。マイノリティを抑圧してきたムラ的な共同体はいくらでもある。

しかし、その共同体に依らなければ、国家システムとか、キリスト教的な神学システムとか、そういうものにわれわれはただの呑み込まれるだけなのではないか。少なくともそれを基礎に、いくつかの共同体が連合するのでなければ、国家のまえに個人はあまりにも力にはならないというのが、私の八〇年代後半からの問題関心でした。

当時はまだ個人主義が全盛期で、共同体なんてことを言うのは、古いマルクス主義者か反動ウヨクと見られたものです。しかし、九〇年代を通じて新自由主義のもと、勝ち組・負け組がハッキリ分かれるようになり、国家のほうも、むしろそれを押し進めようとする情況になって、はじめて「人間は個人じゃダメだ、連帯しなければちからにならない」ということが、見えてきたと思うのです。共同体の意味が、再認識されてきている。それが地域通貨とか、スローフード運動のようなかたちで、まだまだ弱いものですが、あらわれてきています。

共同体主義は、かつてのコミューン運動ともちがいます。それはヤマギシ会が、昔のムラよりもさらに強い排除性と洗脳性をもってしまったこと一つを見ても、歴史的に明らかでしょう。

イデオロギーによって人を結ぶのではなく、実際の人と人との関係によって、連帯の理念をつくっていくのでなければダメなわけです。ゲイコミュニティなどまさにそうで、なにかイデオロギーがあるのではなくて、オレはこいつが好きだとか、まず関係があるわけでしょう？　私の考える共同体というのはそういうもので、国家ともコミューンとも、違いは明白です。

と同時に、自分たちのこのコミュニティはなにかと、つねに「論」じられる必要がある。共同体が実体化して、それに人間が振り回されるようになってはいけない。「論」の対象としての、いわばフィクションとしてのコミュニティなのです。

なぜ、人は共同体に依るべきか

ところで、なぜ共同体なのか、コミュニティなのか、という問いはあるでしょう。人間は個人が基本だし、個人を束縛するような共同体には嫌悪感がある、個人の自由でいいではないか。まして、セクシュアリティなどは個人の自由の最たるものではないか、と。

しかし、そもそも自由とは、どういうことでしょうか。

思想史では、中世の共同体から解放されて個人になるのが近代的自由だ、と言われてきたわけですが、私は子どものころから「個人」なんてあるの、と疑問に思ってきました。それは私が「仏教徒」だから、ということもあるでしょう。

仏教は、自我というものを否定して、無我ということを言います。個我にたいして懐疑の目を注ぎつづけるのが仏教です。

考えてみれば、自分というものは、なんらかの共同体のなかでしか形成されないものです。自分という実体があるのではなく、それは自分をとりまく関係性の束だ、と言ってもいい。

早い話、いま、お茶が飲みたい、という欲望ひとつをとっても、たんに水分やカフェインを身体が摂取したいというだけではなくて、お茶を飲むときの文化的な雰囲気とか、子どものときから馴染んできた慣習とか、さまざまなものから欲望は形成されています。あるいは、嫌いな奴がコーヒーが好きだから、オレはお茶が好きだ、とか。お茶を飲むことひとつにしたって、その欲求はさまざまな関係のなかから出ている。

こういう仏教的な認識にたいして、根源的な反論はできない、と私のなかでは思われるのです。つまり、共同体から解放されて自由な個人になる、そんな独立した個なんてあるのか、と。

関係の網の目のなかにしか自分はない、ということがわからないから、私たちの世代は永遠に自分探しをつづけている。でも、そういう個人主義は破綻《はたん》しているわけです。

だから、自分というものを考えて、自分のなかをいくら掘り下げたって、なにも見つからなくて、むしろさまざまな関係性の、偶然の組み合わせの束こそが自分だと理解するべきでしょう。そうすれば、必然的にこれから私たちが踏み出していくうえで、自分のうえにはさまざまな関係が重なっているのだという視点からも、共同体という考えが必要になるはずです。それが、「なぜ共同体か」への哲学的な答えです。

一方、政治的な答えはべつにあって、国とか政治権力が個人を抑圧してきた場合、個人では対抗できない、ということです。

国家を甘く見てはいけません。国家なんて自分には関係ない、と思う人は、国家のもつ力をものすごく甘く見ている。同性愛者の人権なんて言っても、そんなもの、いつだって吹っ飛ぶことは、昨年来、この国で北朝鮮国籍をもった人への迫害とそれを放置している国家を見れば、わかるじゃないですか。みんながみんな理性的で、リベラルな知識人だと思ったら大間違い。石原慎太郎みたいなホモフォビックな政治家が大衆的に支持されている、それがこの国なのですから。

嫌いでも、公の制度としては認める感性

ところで、その共同体——論じる対象としての——にもっとも向いているのが、私は三十代だと思うのです。

私たちの世代は、会社や国家にどっぷりつかるわけでも、イデオロギーに染まるわけでもない。一部にオウムに走ったり、非現実的なナショナリズムに心酔するものもいますが、総じてクールで、実務的で、個人主義的でありながら、「個」の限界を知りつくしてもいます。

さらに言うなら、そういう資質の三十代、あるいは六〇年代生まれには、リベラルな社会の制度をつくり出す可能性がある、ということです。友だちが不倫していても、まあ、そういうこともあるかな、と思う世代ですから、あまり排除的なものがない。リベラルな制度設計には、とても向いていると思いますね。

もちろんそれは、なんでも他人事だと思っているから、ということもあります。でも、他人事だけど、公の制度として認めないといけない、とは考える。他人事だからといって、排除や無視をするのではなく、自分にとって関係のないことでも、制度的に差別されているなら、それは不当だと言えるようなところがある。そういうところが、私は自分の世代の好きな点なのです。

それは保守政党の、若手政治家にも言えることです。彼らには、たとえ自分の嗜好や考えと違っている人でも、公の制度ではそれを許容しなければならない、という感覚があります。これが五十代

以上の政治家だと、与野党問わず、話が合いません。ダメなものはダメ、と言っちゃう。六〇年代以降に生まれた若手政治家には、平場でしゃべっている感覚があります。感性のレベルで、おたがいがリベラリズムを共有しているという感覚です。

それで私は、自民党や民主党の若手とは、対話を重ねているのです。彼らは、たとえ個人的に嫌いな人でも、その人たちが公的なものから不当な処遇を受けているときには、政治家としてひと肌脱ぐ感性はあります。ジェンダーフリー政策への保守派の批難などにたいしても感覚的な拒絶感があって、私はこれはいいと思うわけ。

官僚でも、ちょうど課長補佐あたりになりかけた六〇年代生まれには、おなじ感覚がありますね。ですから、同性愛者の人権について、若手の高級官僚に直接ロビーイングをすることは、とても重要です。頭の固い老人支配の国会で、若手議員が陣笠扱いされて活躍できないなら、むしろ官僚を動かすことには、脈があります。官僚はある種の合理性とか正当性があれば、説得されますから。フェミニストはそうやって九〇年代に行政にはいってゆき、それなりに功を奏しはじめました。

リベラルで公正な法制度づくりへ

そうした官僚や若手政治家は、「公共性」を実現するのが国家の役目だ、と考えています。老政治家たちのような「どぶ板」政治の利害調整役ではなく、クールな「倫理」性の実現に、むしろ自分の役目を重ねている。

先ごろ亡くなったジョン・ロールズという政治哲学者は、国家はジャスティス（正義）を理念としなければならない、それにもとづいて、個人や共同体のさまざまな価値観の対立を裁定する役割がある、と言っています。

では、なにが正義なのか？　そのときロールズは、社会のなかでもっとも不遇な立場の人にたいして、もっとも厚い処遇をする社会でなければならない、とも言っています。

たとえば、世界中の人がいまの自分の社会的立場――国籍、人種、性別、地位、財産、障害の有無、もちろん同性愛者か異性愛者か、そういうことをすべてチャラにして、ほかのだれかに突然、生まれ変わるとしたら、あなたはどんな社会なら生まれ変わってもいいと思うか？　そのとき人は、もっとも不遇な人をもっとも手厚く保護する社会を考えるだろう、とロールズは言うわけです。だれに生まれ変わるかわからないのなら、もっとも恵まれない人の立場になっても不幸な思いをしないですむような社会を望むでしょう、と。

私はこのロールズの考えに、ほとんど同意します。行政のこれからの制度設計としては、これでいいのじゃないか、と思うわけ。そして、それにいちばんふさわしい感覚をもっているのが、六〇年代以降生まれの人びとだ、と思うのです。

六〇年代生まれは、日本ではじめて、「公共」の設定者になる可能性があるということです。

その具体策としては、いまある日本国憲法や行政システムを最大限利用する、ということもあるでしょう。憲法改正は、これからかならず政治日程にのぼってきます。二十四条の婚姻条項ひとつとっても、婚姻関係を国家に登録することのよしあしはべつにして、同性愛者の結婚が想定されていないという、「不遇な人」を生んでいるわけですから。

ゲイコミュニティは、いまは「身の下」の問題や悩みがまだまだ多い、むしろそれでつながっているコミュニティだと思いますが、これから社会の制度設計の部分に関心をもっていくことがだいじだと思いますね。

これまで法や国家をあえて拒否してきたフェミニズムが、やっとそれらに関心をもちはじめました。同性愛者のコミュニティも、たんに同性愛者のためだけではなく、よりリベラルで公正な制度とはなにか、どのような国家のあり方がよいのか、を考える思想や論者が必要になってくるし、それにたいして敏感に反応する人びとの集団、コミュニティが必要だと思います。

そうなるための道は、はなはだ遠いと思いますが、それはもう、『にじ』なんかがベタな啓蒙をやるしかないの（笑）。宮台真司さんなんて、ラジオや著作で、いかにベタな啓蒙をやっているか。私も毎週、トークラジオでそれをやろうと思ってきたわけです。

「ゲイスタディーズ」とか文化研究とか、そういうのは学者業界のなかでの覇権闘争にはなっても、正直、現実を変える力にはならないでしょう。同性愛者の立場に視点をおいた政治哲学や、そこに敏感に反応する人びとやコミュニティをつくりだす可能性が、三十代にはあると思います。いっしょに住んでいるのに、なぜ同性どうしだと籍を入れられないのかと思う人は、みなさんのなかにいるんでしょう？　それを、たんに入籍問題だけでなく、法制度全体へ総合していく知的努力や理論武装によって、官僚は説得され、動くわけです。そういう意味で、ロールズの考え方は参考になると思います。

公的な法律に書き込ませるというのは、とてもだいじです。それをしないのは、なんとなく「寛容」に認められていた江戸時代のままでいいの？　ということですから。

二〇〇三年二月六日、荻窪にて

『にじ』四号

小熊英二（歴史社会学者）

広場としてのコミュニティへ
――新しい運動の可能性を求めて

小熊英二さん、と聞いて、なぜ小熊さんと同性愛なのだろう――そう思われたかたもいらっしゃるでしょう。

小熊さんの令名は、かねてより聞こえていました。『単一民族神話の起源』『〈日本人〉の境界』、まだ若手ではあるが、本質的かつ重厚な仕事をする。しかも本がみんな厚い（笑）、と。

そして二〇〇三年の読書界の話題をさらったのが、大佛次郎論壇賞を受けた『〈民主〉と〈愛国〉』です。「戦後」におけるナショナリズムや「公」にかんする言説を検証し、その変遷過程を明らかにする」というこの労作、拝読しました。

「公」にかんする言説の検証

いま、ナショナリズムと言うと、たとえば愛国心を強制しようとする教育基本法の「改正」問題など、なにやらきな臭いものというイメージがあります。国家を中心とした歴史観を展開し、『国民の……』シリーズを刊行する「新しい歴史教科書をつくる会」など民間右派の動きにも、そのイメージは重なります。

愛国心の強制には、共産党など野党がわは反対しています。

しかし、小熊さんによれば戦後、愛国とか民族、国民という言葉は、むしろ進歩派知識人や共産党によって唱えられたものだということです。

丸山眞男、大塚久雄、鶴見俊輔、竹内好……。

共産党、文学運動、歴史学運動、砂川闘争、日教組、六〇年安保……。

戦後思想をいろどるさまざまな知識人や運動、事件がていねいに検証され、彼らが使った言葉が現在了解されるものとは異なる意味あいであること、その言葉に込められたものが明らかにされていきます。『〈民主〉と〈愛国〉』の読書体験は、「ああ、そうだったのか」の驚きの連続であり、「仮面はがし」の快感さえともなうものでした。

知識人たちが追ったものとゲイコミュニティ

こうした小熊さんの仕事を、ゲイである私はどう受けとめたか。

もちろんこの大冊を、知的好奇心を満足させる読書の醍醐《だいご》味としてのみ味わうことも可能ではあったでしょう。しかし、自分を戦後知識人になぞらえる気は毛頭ありませんが、彼らが唱え、追い求めたものに、私たちが言うところのゲイコミュニティというものが、どうしても重なって感じられてしまうのです。

小熊さんは結論の章で、「自己が自己であるという感触を得ながら、他者と共同している「名前のない」状態を、戦後知識人たちはあるいは「民族」と呼び、あるいは「国民」と呼んだ」と書きます。

私はそれを、つぎのように読みかえます。「自己が自己であるという感触を得ながら、他者と共同している「名前のない」状態を、男とセックスする男たちはあるいは「ゲイ」と呼び、あるいは「コミュニティ」と呼んだ」と。

さらに小熊さんは、戦後知識人たちを背後から突き動かしたものとして、戦争と戦争体験を語ります。まさにそれは私たちにとっての同性愛差別であり、知識人たちがかつて処世のために余儀なくされ、戦後も彼らを原罪のように苦しめた戦時下の虚偽や無責任への悔恨の感覚は、ゲイたちがみずからのうちに抱えこまされたものとしての内面化された同性愛嫌悪（ホモフォビア）に比肩しうるものではないか、と。

戦後の「公」をめぐる言説史を追った小熊さんの目で、ゲイコミュニティという言説を、そしてその行くえを見通してもらおう。小熊さんを訪ねたのは、そういう思いからでした。

そのとき、それをもなお……

小熊さんを訪ねて二年以上の歳月が流れています。いま、あらためて『〈民主〉と〈愛国〉』の結論の章を開くとき、つぎのような文章が目に止まりました。

自己の喜びが他者の喜びでもあり、他者の苦痛が自己の苦痛であり、自己と他者を区分する既存の境界が意味を失うような現象は、二人という単位で発生すれば「恋愛」という名称が付される。しかし、それが集団的に発生した場合の名称は定まっていない。それに「革命」という名称がつくか、「市民」という名称がつくか、「人間」という名称がつくか、はたまた「ネイション」という名称がつくかは、偶然の問題だったのではなかろうか。

私たちもまたそれを「ゲイコミュニティ」と呼びました。それは、九〇年代に自己形成した者にとっては、そこにたまたま「コミュニティ」という言葉があったからそう名づけた、偶然の問題だったのかもしれません。

時は流れ、時代は変わり、子どもを生まない同性愛者ではあれ、若いゲイたちはつぎつぎと登場し、世代は交代してゆきます。その若い世代が、私たちが「コミュニティ」という言葉で表現しようと試みた「名前のないもの」をどう受けとめ、それをどう呼ぶのか。これもまた小熊さんが最後に引用した丸山眞男の言葉をもじって、私も、「そのとき、それをもなおゲイコミュニティと呼ぶかどうかは各人の自由としよう」、そう書き添えたいと思います。

「コミュニティ」への、二つのイメージ

お手紙、拝見しました。

最初に「コミュニティ」ということについて、考えてみましょう。

コミュニティというか、人と人とのつながりや社会には、大きくわけて二つのイメージがありますね。一つは、一人ひとりの人が（なにかの理念のもとに）自発的につながるイメージであり、もう一つは、従来の家族とかムラとかの延長線上で、そのつながりをイメージするものです。日本では、後者のイメージが強いのですね。それは、日本では近代国家をつくるとき、「家族国家」とかムラの延長線上という言い方をしたからです。家長が天皇陛下である、と。それはそれでイメージしやすいか

わりに、人のつながりや社会には、かならず地縁・血縁とか、排他的とか、ボスがいるとか、そういうイメージもあわせもつことになる。

戦後の「進歩派」「左派」と呼ばれる人びとが、人と人とが「社会を創っていく」という方向で、どうつながろうとしたか。私の『〈民主〉と〈愛国〉』では、その構想の変遷を検証しましたが、ムラや家族をモデルに人のつながりをイメージする流れが強いので、なかなかゼロから、人と人とが結びつくことを考える思潮は根づかなかったのです。

ちなみに、ほかの国――アメリカやフランスでも、ムラとか家族の延長で国を捉える流れはあります。それでも、一人ひとりが結びついて、有志で社会を創るという考え方も、しっかりある。アメリ

前略　小熊英二さま

私は『にじ』なる同性愛者のコミュニティマガジンを発行している編集者です。先生にお教えいただきたいことがあり、お手紙を差し上げました。
『にじ』は表紙に「コミュニティ」と掲げるように、個々のレズビアン・ゲイをつないで「私たち」という紐帯が可能か、そして、その私たち同性愛者も存在することを前提に、この日本社会が再形成されるにはどうすればいいのか、を問いかけてきました。

なぜなら、この国の憲法をはじめ法律や諸制度には、私たち同性愛者の存在はいっさい考慮されていません。この場所で生きていくよりない私たちにとって、同性愛者が連帯すること、そして社会へ働きかけること、これらは避けていくわけにはいかないと思うからです。

しかし、そのことを訴える『にじ』は、かならずしもおなじ同性愛者から、広く受け入れられるものとはなりませんでした。もちろん、一人出版社の悲しさで、知られていないことが大きいのですが、それにも増して、こうした関心自体が多勢に無勢で、いまは受け入れられるものではないのかとも思うのです。

このたび、先生の『〈民主〉と〈愛国〉』を拝読しました。そこに紹介されている、戦後の「公」をめぐる言説史のなかに、『にじ』と共通する課題をいろいろ発見することができました。

この号で『にじ』はいったん休刊するのですが、『にじ』が抱いた「同性愛者のコミュニティ」への志向、そこに立脚しての社会の再形成への志向には、はたして「先」があるのか、可能性があるのか、先生にぜひお教えいただきたいのです。

不尽

カは開拓共同体ですから、千年まえからアメリカがあるとはだれも思ってない。また、西欧には教会という宗教共同体のイメージがあって、有志の信徒が教えのもとに集まってコミュニティを創る、そのように社会も創る、という発想があるからです。

一九六〇年代の半ばまで、日本の左派は、社会を創る構想について、「国」をどうするとか「愛国」ということばで語っていました。左翼のほうが、ずっと「反米愛国」なんて言っていた時期があるのです。しかし、六〇年代後半から、思想家たちの世代交代や、高度経済成長でものの論じ方のパラダイムが変わったため、そうした語り方は退潮します。それにかわったのが、フェミニズムだったり、市民運動だったり、反公害運動だったわけですが、それは国を単位とするのではなく、社会を人のつながりからもう一度、考えなおすものだったといえるでしょう。そして、国を単位にして語る語りは、「右」側の専売特許になった。

ゼロからコミュニティを構想することが、「国」を語ることと重ならなくなったのが、六〇年代の後半ぐらいからの現状だと思います。

新しいコミュニティ運動の可能性

そのなかで、ゲイ・コミュニティを語ることが、どういう意味を持つかです。ゲイのコミュニティは、外から見ると、いくつか特徴があると思います。

一つは、どう考えてもそれは、ムラや家族ではない。地縁・血縁でもない。その点でゲイのコミユニティは、家族国家とかムラとかからイメージする国家とはつながらない。最近、右派のほうから「公のためということを考えろ」みたいな物言いが見られますが、そういうものとはストレートにつながりにくいカルチャーでしょう。だからといって、ゲイがストレートにアンチ右派になるかどうかはわかりませんが（笑）。

それで二つ目には、ゲイのコミュニティは、有志のコミュニティにならざるをえない。自分はゲイであり、ゲイ・コミュニティの一員だという意識をもってかかわってくる人びとで創られるコミュニティです。ただし、ゲイであるということと、ゲイ・コミュニティの一員だというアイデンティティを持つことは少し違いますから、コミュニティの一員だと考える人は、ある程度かぎられるでしょう。

三番目は、ゲイは差別されるがわの集団だということ。

おぐま・えいじ　1962年東京生まれ。出版社勤務、東大教養学部大学院博士課程を経て、現在、慶應義塾大学総合政策学部教員。『単一民族神話の起源』（新曜社、1995）、『〈日本人〉の境界』（同、1998）など、近代日本の言説を根底的に問い直す重厚な仕事をつぎつぎと発表し、『〈民主〉と〈愛国〉―戦後日本のナショナリズムと公共性』（同、2002）は、読書界の話題をさらった。近著には、上野千鶴子さんとともに鶴見俊輔さんにすべてを聞いたという『戦争が遺したもの』（新曜社）、また『日本という国』（よりみちパン！セ、理論社）ほか。研究室の学生たちがつくるホームページがある。http://web.sfc.keio.ac.jp/~oguma/top.html

四つ目に言えることは、ゲイ・コミュニティはセクシュアリティに根ざしたものだから、その人のセクシュアリティへのかかわり方が大きく影響してくるでしょう。セクシュアリティを真面目に語る土壌のないところで、ゲイというテーマが真面目にとらえられないのは無理もない。

たとえば、いまはどうか知りませんが、八〇年代に新宿二丁目（ゲイバーなどが密集している繁華街）で若いボランティアたちがエイズのキャンペーンをやって、ゲイバーから迷惑がられたと聞きます。繁華街は遊びにくるところであって、真面目なことを考えにくる場じゃない、という考え方をゲイの人たちのがわでもしていたからだと思います。だから、「ゲイ・コミュニティの問題を考える」とかいう言い方を大上段にしても、なかなか受け入れられにくいのだと思う。

いま、四つ特徴を述べましたが、一番目から三番目までは、新しいコミュニティ運動の可能性につながるものです。地縁・血縁のイメージから切れていて、有志の集まりで、しかも社会的に差別されている集団であれば、従来とはちがうコミュニティを作ろうという運動が起きても不思議ではない。ところが四つ目の、セクシュアリティがもともと真面目にやるテーマだと考えられていないところに、あなたの悩みがあるのかもしれません。性の話はみんな大上段に語りたがらないし、繁華街まで来てそんなむつかしい話をしたくないという姿勢が少なくない。そこがうまく接合しないのじゃないでしょうか。

しかしゲイの人も、性愛だけで生きているわけではない。人生の加齢のなかで、性愛の比重が相対的に低下し、同時に結婚圧力や差別、住居、税金といった社会的な問題にぶつかるようになると、『にじ』などが提起するテーマへの関心が出てくると思います。ほんとうは、住居とか税金とかはセクシュアリティに規定されないほうがいいのだけど、いまは規定されてしまうのだから、仕方なくかかわらざるをえない。

若いときはそういうことを考えたくないし、結婚とか税金とかが、あまりかかわる年齢でもない。そういう年齢で欲求を発散しにくる盛り場では、人生の部分は語りたがらないし、むしろタブーの話題になる。自分がタブーの話題とむきあう比重が増す年齢になってきたら、繁華街から離れていくでしょう。

そういう盛り場とはべつのものとして、ゲイ・コミュニティを考える志向はあってしかるべきだし、また必要とされると思います。なんといっても、欲求の発散だけで人生が営めるわけではないですから。

行動の別のパターンを拓かせる

そこでつぎに、人間とかコミュニティとかの見方について、考えてみたいのです。

私は、人間とは「行ないの束」だと思う。食事をしたり、ふざけたり、たまには真面目な話もしたりする、一つひとつの「行ない」が集合して「この人はこういう人だ」と見えているものが人間でしょう。たとえば、バーでは「なんてこの人はいいかげんな人なんだろう」と思える振る舞いをする人でも、ほかの場所ではえらく真面目だったり、責任感の強い人だったりするかもしれない。

先ほども述べたように、もともと二丁目など繁華街は、まずは欲求を発散しにくる場所です。仕事や生活の場の責任感などから逃れて、むずかしい話は抜きにして、羽目をはずしにきたいところでしょう。そういう場では、みんなが無責任に見えて当然です。だけどそこに来ている人が、みんな真面目な問題に関心がないかというと、そうではない。かつて二丁目でエイズのキャンペーンをして相手にされなかったからといって、日本のゲイはエイズに関心をもたない、とストレートに考えるべきではないと思いますね。

お手紙には、『にじ』がなかなか受け入れられない、日本のゲイはこういうものを受け入れる土壌がないのかもしれないと書いてあったけれど、一概にそういえるでしょうか。この雑誌が繁華街のゲイショップで売れないとしても、『にじ』がとりあげている問題にみんなが関心がないということになるでしょうか。

なるほど、「ゲイとして、こういう問題に関心をもたないのだろうか」という、あなたの思いはわかる。そして、あなたはゲイの編集者として、出版のかたちでそれを問いかけている。でも、そういうかたちでゲイとして行為する、生きるということは、なかなかみんながやるパターンじゃない。二丁目とかでゲイであるというのは、仕事や実生活のことを忘れて、羽目をはずすことのほうが強いでしょうから。

しかし、べつのパターンを拓くというか、ゲイにかかわる人生を真面目に話すという、これまであまりなかったパターンを創ったときに、人と人とのつながりができるんだと思うのです。

ただし、そのつながりとは、地縁・血縁で常時つながっているようなものではない。それは、ゲイに規定される部分をまじめに語りたくなったときにやって来る、いわば「場」としてのつながりみたいなものとして拓けばいいわけです。ちょうど、発散したくなったときやって来る「場」が繁華街であるように。

そうなってくると、そこでいうコミュニティとはなんなのか。それは、地縁・血縁でイメージされるコミュニティとは別のもの、ある行為をしたくなったときに集まってくる場としてのコミュニティです。常時つながっている必要はない、広場のようなものです。広場とは、普段は家にいる人も、みんなと交わったり、買い物したり、お祭りのときに出てくる場所ですね。その人が潜在的にもっている行動パターンを、そこで開花させるのが広場ですよ。

おそらく、『にじ』はそういう場づくりをしたかったのでしょう。日本のゲイも、そういう場への潜在的な要求なり可能性なりはもっているはずです。悲観する必要はない。むしろこれからますます可能性は高くなっていくでしょう。社会生活とゲイの部分、公と私、制度と個人生活、それらを切り離さず、二重生活を善しとしない——もちろん、だれでも大なり小なり二重生活、多重生活をしていますが——そういう志向の人たちが出てくると、『にじ』がやろうとしたことへのニーズや関心も高まってくるでしょう。先ほども述べたように、若い人も、このさき就職だの結婚だのに直面すれば、考えざるをえなくなりますから。

結びつくとは、社会的関係を創ること

ゲイのコミュニティは、社会生活で差別されている被差別者によって形成されるものです。しか

し、差別のことは見たくない、性欲だけ解消したいということになると、「コミュニティはいらない」

という方向になる。そういう人が集まる盛り場やハッテン場は、むしろ「一人になりに行くところ」

かもしれません。結びつくとは社会的関係を創るということで、そのためには職場とか生活の話とか

をする必要もある。それはあとでまずいことになるから話さないというなら、社会的関係は創れない

でしょう。

　お聞きしていると、若いゲイの人には、上の世代を「リブおやじ」と言って嫌う感覚があるそう

ですね。コミュニティを作ろうという意見に対して、「ぼくらは差別なんかされてない。群れるのは

イヤだ」とか、「被差別意識や社会へのルサンチマンでつながった共同体」と非難するわけですか。

　そう言いたい気持ちは、わからないでもない。でも、いつまでもそれでやってはいけないでしょ

うね。考えてみれば、自分の二十代を思い出しても、二十二、三のときから社会だの生活だのを考え

たりしないものでしょう（笑）。そのうちかかわりが出てくれば、考えるものじゃないでしょうか。

　また、そういう批判を言う若い人も、いろいろな側面があります。本当は真面目なのかもしれな

いけれど、年長の世代と自分たちを差別化するために、そういうことを言うのかもしれない。『にじ』

だって、「上の世代は二重生活をしてきた」とか、上の世代と差別化をするじゃないですか。

　それに、あなたは同性が好きなんだったらゲイ・コミュニティの一員だ、というのは短絡ではな

いでしょうか。それは血縁的なコミュニティの感覚だと思います。日本国籍をもっていれば、日本国

家のことを真剣に考えなければならない、と言うようなものでしょう。コミュニティを、もっと多面

的にとらえていく必要があると思います。

出入り自由な「広場」をどう創るか

私の『〈民主〉と〈愛国〉』では、最後に「べ平連」（「ベトナムに平和を！　市民連合」）というベトナム反戦運動を取り上げました。べ平連は固定した組織体制をとらず、「市民」の自由参加という運動方式をうち出して、その後の市民運動の原型をつくったとされています。デモにも会議にも、来たいときに来ればいいし、「世田谷べ平連」とか「ひとりべ平連」とかを勝手に作っていい。横須賀から脱走した米兵への支援も、スウェーデンなどの国と少しずつつながって、国境を越えたネットワークをつくった。

べ平連の人たちが強調したのは、「組織ではなくて、運動である」ということでした。「組織」というと、たとえばこの三千人はメンバーだけど、それ以外の人は組織外。そしてメンバーは三百六十五日、二十四時間、組織のことを考える、と見なしてしまう。これはいわば、血縁や地縁のイメージで考えている。だけど「運動」というのは、来たいときにくればいい「場」であるわけです。

広場は、人があふれているときも、無人のときもある。あふれるほどいた人も、二、三時間いたら帰る。広場に人がいたあいだは、そこにコミュニティができるのです。逆に言えば、そこに来ていない人も、コミュニティのメンバーになりうると想像できるし、そこに来ている人も、いま見せているのとは違う側面があるんだということを想像できる。

たとえば、『にじ』を「読む人」と「読まない人」とに分けてしまって、読む人はゲイ・コミュニティの仲間、読まない人はその外部と考えてしまうのは、血縁的なコミュニティの発想です。そうなると、受け手のがわも地縁・血縁の共同体や地域ボスを連想して、この雑誌の編集者はボスになって、私に説教したがっているんじゃないか、と思われてしまうでしょう。

雑誌というのは、やはり「場」だと思うんですね。それを読まない人、その広場にいまは来ていない人も、潜在的にはいろいろ考えているかもしれないし、機会があればやってくるかもしれないし、雑誌を買わなくても回し読みしているかもしれないし、口伝えで内容を伝えているかもしれない。『にじ』とは違うかたちで関心を持っている人もいるでしょう。やれるときに、いっしょにやればいい。そのための広場だけは、つねに用意しておけばいいのです。

ベ平連の呼びかけ人である鶴見俊輔さん（哲学者）が、あるとき事務局長から、先日のデモに四十数人しか集まらなかったと報告され、「驚いたなあ、四十何人も来たのですか。凄いですねえ」「小さいことはいいことだ」と言ったといいます。営利事業でもないのなら、「お客」の数さえ多ければ偉いわけでもないでしょう。「来る人は歓迎、来ない人もご自由に」の姿勢は、「いいかげん」ともいえますが、余裕のある知恵、柔軟さ、太っ腹さともいえます。

『にじ』もそういう余裕を持って、場として用意しておくというのが、一つのあり方だと思います。出入り自由な、広場としてのコミュニティをどうつくるか。がんばってやってみてください。

『にじ』八号

付 オンラインマガジン「Sexual Science」インタビュー

ゲイの『暮しの手帖』がほしかった
――『にじ』が映しだす同性愛者コミュニティ

「暮らしとコミュニティ、NPOを結ぶ／同性愛者のライフスタイル創造マガジン」と銘打たれた季刊誌『にじ』が、〇二年夏に創刊されて丸二年、〇四年春の第八号をもって休刊を迎えた。発行元は有限会社にじ書房。その社長兼編集長兼雑用係を務めてきたのは、現在三十八歳の永易至文さん（二〇〇四年現在）。色気もマンガもゴシップもない「ライフスタイルマガジン」にどんな思いを託してきたのだろうか。『にじ』の誌面や周囲の反応は、同性愛者、とくにゲイのコミュニティの現在を語っているようでもある。

コミュニティに直球勝負

編集部　『にじ』創刊号の後書き（編集室だより）を読むと、出版社を辞めて一人で会社をつくり、

「とにかく出さなければわかってもらえないと思ってここまできた」とあって、たいへんな意気ごみは伝わってきたわけですけど、それにしても、なぜ同性愛者のライフスタイルマガジンが永易さんに必要だったのでしょう。

永易　ぼくはいま三十八歳（取材時）ですが、ゲイとして年をとることについて、つまりエイジングの問題について考え始めたからでしょう。

ご案内のように、一九九〇年代はじめに『クレア』など女性誌を中心としたいわゆる「ゲイブーム」が起こって、メディアに同性愛についての情報が以前より多く流通するようになった。若い同性愛者たちが、自分は同性愛でいいんだ、というアイデンティティやプライドを手にし、各地にサークルが叢生《そうせい》します。若かったぼくも、そのなかにいたわけです。ぼくは「九〇年代世代」と言っていますが、活動の中心は一九六〇年代に生まれた人びとです。

それから十年たって、その九〇年代世代も四十代のミドルエイジに突入し始め、そうやって得たゲイアイデンティティとかゲイプライドといったものをもって、中高年からの長い後半生を送っていくにはどうするかを考えざるをえなくなりました。

レズビアンコミュニティはそうでもないと言われますけど、ゲイコミュニティは〝若さ至上〟〝見てくれ至上〟みたいなところがある。自分の加齢を受け入れられなくて、コミュニティから遠ざかるとか、あるいはまれにはウツになったりとか……。「ミドルエイジブルー」という言葉を聞くことがありますね。

そのとき、私たちより上の世代は、まだまだ結婚圧力が強くて、ある年齢に達すると結婚して、ヘテロのライフスタイルをとりましたから、ゲイとして中高年を送るというモデルケースがあまり見当たらないのです。探せばモデルはいらっしゃるのかもしれませんが……。

編集部　あ、いま始めて気がついた。男社会では女性の若さや外見に価値が置かれて、同じ基準がゲイコミュニティにあるんですね。そこではゲイ自身も若さや外見でより多く評価される。

永易　もちろん、「（新宿）二丁目に捨てるゴミなし」というコトワザがあるように、どんなタイプにもそれを好いてくれる人はいるもので、若さだけがすべてじゃないぞという異論・反論もありますが、一般的な話としては、です。

そういうタイプとか好みとかの性愛の部分とは違う側面からの、同性愛者の一生にわたるリアリティを追いかける問題提起をしたかったんです。

同性愛の出版が、ポルノかサブカルチャー的なもの、いいとこ高踏的な社会学・スタディーズ系しかなかったところに、同性愛の問題は暮らしや生活として語れるんだと、直球勝負をしてみたかった。九〇年代以来の運動の成果を、ミドル以降も同性愛者として生きていくスキル、知恵、モデルケースなどのかたちで集大成し、それをさらに鍛えていく場としたかったのです。

ダンスパーティーのあとは？

編集部　これまでのゲイ雑誌では、そうしたライフスタイルやコミュニティについての記事は見当らないのでしょうか？

永易　九〇年代後半には、おりから普及したインターネットを駆使してゲイ肯定的な情報を得て、はじめからゲイハッピーな感覚で人生を始める若い世代が登場してきます。そんな彼らがクラブなどで夜通し踊りあかす高揚感のなかで、ゲイコミュニティという感覚が広く共有されるようになります。その総決算が二〇〇〇年に復活したパレード（東京レズビアン&ゲイパレード）と言っていいでしょう。

クラブでは、高揚感や連帯感だけでなく、ゲイテイストと言われる音楽（歌ものハウスなど）や、ドラァッグクイーン文化というんでしょうか、ハデな女装で異性愛社会を風刺するような「キャンプ」と言われる美意識も輸入され、普及してきた。クラブのショータイムはずいぶん人気だし、コミュニティ内だけででしょうが、ドラァッグの有名人も何人かいます（ごくごく一部に、社会的にも活動し始めた人びとがいます）。

しかし、私はこうしたクラブシーンに代表されるものを「ゲイライフ」「コミュニティ」と言ったとき、では、そのダンスパーティーがお開きになったあと、私たちはどうなるんだろう、という思いがあったのです。ドラァッグとかキャンプとか言っても、社会のエッジの部分でトリックスターを演じているだけじゃないか、という気もしていた。ちょっと尖《とが》った一般メディアで紹介されることはあっても、あくまでメインストリームがあってのサブカルチャーで体制補完的、消費されて終わっちゃうのかよ、と。

ぼくは編集者として、ゲイライフと言ったときに、もっとリアルなもの――ゴミ出しをし、トイレットペーパーを買いに走るような、同性愛者の生活そのものを表現したかったのです。同性愛者と暮らしというのがどう結びつくのか。それは口で説明するよりも、記事を並べてみて、「出さなければばわかってもらえない」と。

あと、もう一つは、ぼく自身も八〇年代の終わりから参加してきた各地のさまざまなグループを横につなぐこと。各グループの機関誌やニューズレターなどの「タコつぼ」を超えた超党派、そして、特定のグループには参加していないけれど社会的な問題にも関心があるという無党派、そうした人びとをつなぎ、経験を交流させ、おたがいを刺激しあうメディアをつくりたいという思いもありました。そうした地道な運動が、このところ少し低調気味だと感じていましたので。

ゲイ・オリジンの出版社を作りたかった

編集部　現実的なお尋ねをすると、夢を語るだけでは食べていけない。出版社を経営的に成り立たせないといけないわけで、そうした見通しは？

永易　有限会社の資本金の三百万円をどうにか工面して、その範囲でなんとかやっていこうと。硬いものになるのはわかっていましたから、あまり売れないことも承知のうえでした。発行部数は千部。こうしたものを読む人が、日本に千人はいるはずだ、いや、いてほしい、いなくてどうする、という思いでした。

およそ半分売れれば制作費はカバーできるだろう。でも自分の人件費が出ない。ですから『にじ』の仕事の合間に、フリーランスの編集者として仕事をしたり、週に二日は串焼き屋でアルバイトして……どっちが合間の仕事か、わかりませんけど（笑）。

でも、ぼくはゲイとして、ゲイの出版社を持ちたかったんでしょうね。自分自身も当時、三十五歳になって、ゲイの編集者として一本立ちしたいという実存的な願望もありました。そして、岩波でも講談社でも、大きなところから本を出すのもよかろうが、ゲイの物書きならゲイの出版社で仕事しませんか、そのためにゲイの自前の出版社つくりました、ヨソへ行かないでウチへおいでよ、って言いたかったんです。ぼくは心の狭いゲイナショナリストなんです（笑）。

編集部　『にじ』の後書きだったか、上野千鶴子さんに背中を押されたようにも書かれていた。

永易　フリーの編集者として『サヨナラ、学校化社会』（太郎次郎社、二〇〇二年）という本を企画しました。そこで著者の上野さんは、「偏差値にとらわれないで、自分が『ああ、おもしろかった』と言って死ねる人生がいい。フリーターの評判が悪いけれど、会社に依存せずに独立自営業者でやることは大切です」といった趣旨のことを言われました。そんな言葉に背中を押された、という感じがあります。

あ、この本、買ってください。ぼくも少しうるおいますんで（笑）。

非婚は同性愛に限らないのに…？

編集部　あらためて『にじ』を読んでみて、そうした直球勝負の思いは伝わってきますけど、疑問に感じたのは、結婚をしないミドルのライフスタイル、あるいは老後というのは、同性愛者にも異性愛者にも共通している。なぜ、同性愛者のミドルのライフスタイルにこだわったのか。

永易　ぼく、同性愛だけにこだわっていましたでしょうか？　そのへんはレズビアン・ゲイもミドル以降になると、セクシュアリティの部分が相対的に後退して、ヘテロのシングルの人と問題が共通化してくるな、と思っていますよ。誌面にそれが表れてないとしたら、編集者として技量不足でしたね（笑）。現行法のもとで「結婚」をしていない人どうし、おなじ問題にぶち当たっている人とは共同戦線を張れるだろうと思っています。実際、昨年末、G-FRONT関西というセクシュアルマイノリティのグループから講演によばれたときも（「ひとりで老いる…ゲイ編集者が語るエイジング」というお題を与えられました）、聴衆にはシングルのヘテロ女性のかたも多かったし、来年一月（二〇〇五年）には、名古屋の市民講座からも同趣旨で講師に呼ばれたりしています。

これは思いつきなんですが、同性婚はおろか、日本ではフランスのパックスのようなパートナーシップ制度も、かんたんには成立しないでしょう。代替案に養子縁組を使うのもためらいがある。そこで、相互扶助を組みたい人どうしで、現行の「成年後見制度」を使って、おたがいが任意後見人になりあえば擬似家族が形成できないだろうか、これなら法的にもある程度、権利を代行しあうことができるのではないか、と。これは同性／異性に限らず、二人どうしでも、三人以上でもできるでしょう。いろんな知恵と実践を集めてみたかった。

そんな感じで、ぼくは同性愛者の『暮しの手帖』をつくりたかったんですよ。「これは　あなたの手帖です／いろいろのことが　ここには書きつけてある」（『手帖』表紙裏の言葉）って。

もちろん、この言葉を書いた花森安治という編集長に、おなじ編集者として憧れたという点もあります。『にじ』はなにより文章を大切にしました。また、ビジュアルに乏しいと言われましたが、判型とかタイポグラフィの使い方とか、見る人が見れば、けっこう玄人好みの仕事をしたつもりです。でも、花森的な説教調も受け継いでしまったところがあるかもしれませんね（笑）。そんなところが、あまり広がらなかった理由なのかな。やっぱり古臭いね。まあ、手間・ひま・お金をかけた『暮しの手帖』のパロディー遊びだと見抜いて、手を拍《う》って笑ってほしかったんですけど。ユーモア部門としては敢闘賞だと思いません？

女性から好評だった生活の視点

編集部　そうした雑誌の企画を、少なくとも三十代前半ぐらいから温めていたことになるんですねえ。その若さで、よくそんなことを、と五十代後半の私は少し驚いてしまう。

永易　こういうことを考えるくそ真面目なタチだったのか（笑）。でも、〝いつまでもダンスパーティーで踊っているわけにはいかんだろう〟みたいなことを、だれか言わんといかんと思ったのかもしれない。大きなお世話ですね（笑）。

編集部　結果として、予想通りでもあったのか、『にじ』はあまり売れなかったわけですけれど、コミュニティのなかでの反応はどうだったんでしょう。前評判なども含めて。

永易　『にじ』の場合、コミュニティに突然現れたみたいなところがあったと思います。ゲイ業界——ムラ社会と言ったほうが正しいかな、ある種、そうしたものが成立している。で、ふつうだと、事前にこんなことをやりますと案内を出したり、創刊パーティーをやって、紹介お願いしま～

す、とか頼むのでしょうが、幇間《ほうかん》じゃあるまいし、ぼくはそういう社交的なことを一切やりませんでした。

だれが作っているとか、そういうカオで繋がって、カオで載せてもらうんじゃなくて、純粋に、つくったもので評価してくれればいい、人脈と切れたところでゲイ雑誌の編集者や物書きたちが、エイジングとか暮らしとか、コミュニティにとって新しいテーマにどんな反応をしてくるか、むしろそちらに興味がありました。われながら高飛車ですねえ（笑）。「こわもて」路線でいこう、と。

ですから創刊時の既存ゲイ雑誌の反応は、ムラの掟やぶりみたいなものですから、それぞれ紹介はしてくれましたが、総じてカライというか、ひとりよがりな雑誌だ、と書かれましたね。実際、ひとりよがりではあるでしょう。ひとりでつくっているんだし。それでも、ゲイ雑誌『ジーメン』さんなどは読者がミドルエイジ層に重なるからか、叩きながらも八号まで毎回、書評に載せ、私にコラム連載の声までかけてくれました。

一方、そういう「業界」から遠い人、たとえば地方で、たまさか雑誌を見つけた人が熱烈なメールを送ってきてくれたり、あと、レズビアンのかたに評判がよかったですね。男がつくっているので、女性の視点の盛りこみとか、きっと不満はあったと思いますが、「こうした生活雑誌を待っていました」という声を女性からたくさんいただきました。

あと、各地のサークルのかたが、熱心に、五部、十部と広めてくださった。ニューズレターに紹介してくれたり、読書会のテキストにしてくれたり、サークルの集会で委託販売してくれたり、その集会に私をゲスト講師に呼んでくださったり……。

一般メディアはホモフォビア？

編集部　コミュニティの外ではどんな反響があったんでしょうか。

永易　コミュニティの外、たとえば一般メディアの反応というと、これは本当になにもなかったという感じです。毎号、いろいろなメディアに献本したのですが、宮崎哲弥、小熊英二、上野千鶴子、福島みずほ……こうしたかたがたが登場して、同性愛者やその運動について発言していても、メディアから問い合わせや取材の申し込みがまったくといっていいほど無かった。

これは記者や編集者たちのホモフォビアの表れなのか、あるいは同性愛者と暮らしという組み合わせをどう評してよいのかわからないということなのか。そのへんはわからないんです。まあ、小さいメディアだから、「歯牙にもかからな」かったのでしょうが。

性教育関係の団体や雑誌、ＨＩＶコミュニティの反応も、ほとんど絶無に近かったなあ。同性愛の「啓蒙・啓発」程度なら、自分を問うことなく、教科書的な「正しい」ことを言っていればすむでしょうが、生身の暮らしと言ったときには自分をも問うことになりますから、結局、そこへ手が着かないのだとしたら、わかったような顔をしてセクシュアリティを語る人は、じつは大問題だという気もしますね。

結果としてパブリシティーの少なさはいかんともしがたい。知らせる努力が足りなかったのが、敗因のまず第一だったでしょう（笑）。

ミドルの生活・情報にかかわり続けたい

編集部　とにかく、あまり売れなければ雑誌を出しつづけられないけど、それだけでなく一人編集というのは、私もかつてはふつうの月刊誌を担当していたからよくわかるんですが、体力的にもたない。そういったことは？

永易　休刊の理由は、そっちです。体力的に限界にきていたのがわかりますから。一人で三か月ごとに雑誌を発行していくことに、いい加減疲れてしまった。もちろん借金してまで続けたくなかったというのもあります。

少し休んで、これからどうするかですが、まずは在庫を売り切りたいですね（笑）。同性愛者とエイジングや暮らしの問題は、各地のサークルなどでも興味がもたれているようですし。コミュニティ高齢化の表れですね（笑）。ミドル以降のシングル者の生活互助などはセクシュアリティを超えて社会的関心がもたれています。そういうテーマでときどき講演の講師などの依頼があります。喜んで出かけたいと思います。

あと、私は単行本で勝負するほうが自分に向いているのかもしれない。雑誌は、もっとごちゃごちゃ、猥雑でないといけない。私はどうしても折り目正しいものになってしまう。お手本が花森安治ですからしかたがない……私本人はちゃらんぽらんな人間なんですけどね（笑）。

にじ書房で出すか、フリーの編集者としてどこか版元を探すかわかりませんが、単行本の企画を考えたりしています。

でも、同性愛者のミドル以降の生活問題、それをあつかう情報ペーパーはかならず必要とされてくるでしょう。今度はだれがその仕事を買って出るのかはわかりませんが、私自身もミドルを迎えるゲイとして、考え、かかわり続けていきたいと思っています。

オンラインマガジン「Sexual Science」二〇〇四年十月号掲載
http://www.medical-tribune.co.jp/ss/index.html

『にじ』全もくじ

創刊号（二〇〇二年六月）

同性愛者の肖像／ピアノと留学と劣等感と
性的健康／いま、ＨＩＶに感染するとどうなるか―これから検査を受けるＳさんへ
ルポ／公営住宅は同性二人で申し込めるか？
ルポ／新木場ゲイ殺人事件
インタビュー／ゲイの医師としてエイズ予防へ……佐藤未光
コミュニティへの贈り物／そうだったのか、「人権」って。……関　曠野
エイジングの冒険・第一話／日本脱出してもいいですか……鬼塚直樹
こらむすくらんぶる
本　岸祐司『学校を基地におとうさんのまちづくり』
台所　アジを自分で三枚におろす
ビデオ　マルコムＸ
舞台　私をお能につれてって1
にじ書房設立および『にじ』創刊にあたって

創刊2号（二〇〇二年九月）

コミュニティへの贈り物／そうだったのか、「伝える」って。……辛　淑玉
性的健康／なぜ病気は感染し、それはどうすれば防げるか……佐藤未光
ルポ／豊島区はシングル生活者がお嫌い？―ワンルーム・マンション税の現場をゆく
ルポ／東京都人権指針
インタビュー／臨床心理士は私たちを癒すか……宮島謙介
同性愛者の肖像／三〇代求職ゲイの生活と意見
エイジングの冒険・第二話／「少年期」の終わり、そして……鬼塚直樹
こらむすくらんぶる
ビデオ　フィラデルフィア
本　宮本常一『忘れられた日本人』
台所　市販の天ぷら粉で天ぷらを揚げる
舞台　私をお能につれてって2

創刊3号（二〇〇二年一二月）

ルポ／同性パートナーは入院手術の許諾ができるか？
性的健康／肝炎を病むの記
ルポ／札幌レインボーマーチ

コミュニティへの贈り物／そうだったのか、「家族」って。……山田昌弘
ある同性愛者の肖像／パニック障害を生きる
インタビュー／社会学が見るアイデンティティ……伊野真一
エイジングの冒険・第三話／二十年目のフルムーン……鬼塚直樹
こらむすくらんぶる
本　阿部謹也『日本社会で生きるということ』
ビデオ　橋のない川
装う　着物召しませ
舞台　私をお能につれてって3

4号（二〇〇三年三月）
特集・コミュニティって、どうよ?
コミュニティへの贈り物／六〇年代生まれには希望がある……宮崎哲弥
ルポ／エイズを考える六つの視点……編集部
レズビアンが親の介護をするとき……大江千束
東京パレードは、どこへ行く?……関根信一
一二回目をむかえるLG映画祭……宮沢秀樹
ゲイ・ビジネスはなにができるか……春日亮二
ゲイどうしの電話相談って?……宮島謙介
LGユースへのサポート活動……杉山貴士
非東京地域でのリベレーション……鈴木ケン
人権擁護法とパートナーシップ法……谷口洋幸
エイジングの冒険・第四話／カメラ屋のオヤジが見てきたもの……鬼塚直樹
こらむすくらんぶる
本　G-FRONT 関西『Poco a poco』一八号
台所　ぬか漬けの歌
舞台　私をお能につれてって4

5号（二〇〇三年六月）
特集　エイズ・人・カネ・コミュニティ
聞書き・三人のゲイ・ポジティブその恋愛とセックス
ルポ／今年、行政は同性間対策に、いくら使って、なにをするのか—厚生労働省・エイズ予防財団・東京都庁をたずねて……編集部
コミュニティへの贈り物／そうだったのか、「ハンセン病」って。……森元美代治
名古屋でどえりゃーことやっとるで……エンジェルライフナゴヤ
インタビュー／エイズNGOはオモシロい……生島　嗣
ゲイはエイズとどう向きあうか……砂川秀樹
女性とセーファーセックス……B子
陽性者を元気にする神戸会議……長谷川博史
エイジングの冒険・第五話／エリートゲイもつらいよ?!……鬼塚直樹
こらむすくらんぶる
本　伏見憲明『同性愛入門』
暮らし　おんな二人で家を探せば
台所　飯のおかずで飲むのが好きで
面白　イラッシャイマセコンニチワ

6号（二〇〇三年九月）
特集　豊饒なるレズビアン

群像・虹をかけるレズビアンたち／ある同性愛者の肖像
レズビアン・コミュニティ入門……大江千束
ルポ／公正証書こうすればできる―同性パートナーシップ保障への道1
インタビュー／365日、おんなたちのなかへ―ノン・ヘテロ女性の助産師……藤井ひろみ
レズビアン的出会いの経済学……ひろ
レズビアン三都物語……―札幌・高松・宮崎から
座談会／aktaは東京になにを起こすか
コミュニティへの贈り物／サヨナラ、おまかせ民主主義……尾辻かな子
エイジングの冒険・第六話／レザーダイクのきらきら瞳……鬼塚直樹
こらむすくらんぶる
本　井田広行『シングル化する日本』
舞台　Four Seasons～四季～
暮らし　心も身体も裸のままで
面白　たとえば、ゲイ版「トキワ荘」

7号（二〇〇三年一二月）

特集　四〇代からって、いいじゃん
ザ・加齢の市民　四十歳インタビュー
どんと来い、親の介護……平木直子
コミュニティへの贈り物／中年とシングルをめぐる十の断章……海老坂武
ルポ／同性カップルと生保・ローン―公正証書をつくるの記、その後
幸福な兄貴たちの記憶……城平海
地方でゲイが年をとること……やまお
HIVを抱え四十になる……やまざきたけひろ
座談会／徹底討論！　どうする、日本のパレード
アルコール依存症とはなにか
こらむすくらんぶる
本　石井政之『肉体不平等』（関口史朗評）
舞台　DOG旗揚げ公演「違う太鼓」
暮らし　「引き継ぐ」ということ
面白　小さな独立「戸籍の分籍」のすすめ

8号（二〇〇四年三月）

特集　レズビアン・ゲイへの贈り物
福島党首、おたずねします！……福島瑞穂
フェミがエイジングと出会ったころ……上野千鶴子
これで安心、シングル生活……石川由紀
感染爆発を起こさせてはならない……市川誠一
広場としてのコミュニティへ……小熊英二
対談／コミュニティマガジンは可能か『Gメン』vs『にじ』
パリからの惜別……八代隆司
にじ書房うちあけ話
エイジングの冒険・最終話／死者一九五〇八人の記憶……鬼塚直樹
こらむすくらんぶる
本　河口和也『クイアスタディーズ』（伊野真一評）
暮らし　そしてまた一年はめぐり

［編者略歴］

永易至文（ながやす　しぶん）

1966年、愛媛県生まれ。出版社勤務を経て2002年、有限会社にじ書房設立、同年6月に『にじ』創刊。現在、フリーランスライター／編集者。同性愛者コミュニティやHIV／エイズを軸に取材を進め、一般誌やゲイ雑誌へ寄稿するほか、各地で講演や研修会の講師などをつとめている。一般書のプロデュースには上野千鶴子『サヨナラ、学校化社会』（太郎次郎社）ほかがある。

レインボーフォーラム――ゲイ編集者からの論士歴問

2006年10月20日　初版第1刷発行　　定価1800円＋税

編　者　永易至文
発行者　高須次郎
発行所　緑風出版
〒113-0033　東京都文京区本郷2-17-5　ツイン壱岐坂
［電話］03-3812-9420　［FAX］03-3812-7262
［E-mail］info@ryokufu.com
［郵便振替］00100-9-30776
［URL］http://www.ryokufu.com/

装　幀　新藤岳史
制　作　R 企 画　　印　刷　モリモト印刷・巣鴨美術印刷
製　本　トキワ製本所　　用　紙　大宝紙業　　E1500

Printed in Japan　　ISBN4-8461-0614-4　C0036

◎緑風出版の本

■全国どの書店でもご購入いただけます。
■店頭にない場合は、なるべく書店を通じてご注文ください。
■表示価格には消費税が加算されます

プロブレムQ&A
同性愛って何？
[わかりあうことから共に生きるために]
伊藤　悟・大江千束・小川葉子・石川大我・簗瀬竜太・大月純子・新井敏之著

A5変並製
二〇〇頁
1700円

同性愛ってなんだろう？　家族・友人としてどうすればいい？　社会的偏見と差別はどうなっているの？　同性愛者が結婚しようとすると立ちはだかる法的差別？　聞きたいけど聞けなかった素朴な疑問から共生のためのQ&A。

パックス
――新しいパートナーシップの形
ロランス・ド・ペルサン著／齊藤笑美子訳

四六判上製
一九二頁
1900円

欧米では、同棲カップルや同性カップルが増え、住居、財産、税制などでの不利や障害、差別が生じている。こうした問題解決のため、連帯民事契約＝パックスとして法制化した仏の事例に学び、新しいパートナーシップの形を考える。

プロブレムQ&A
10代からのセイファーセックス入門
[子も親も先生もこれだけは知っておこう]
堀口貞夫・堀口雅子・伊藤　悟・簗瀬竜太・大江千束・小川葉子著

A5変並製
二二〇頁
1700円

無防備なセックスは誰でも妊娠やSTDになる危険性がある。これ以上望まない妊娠・STD感染者を増やさないために、正しい性知識と、より安全なセックス＝セイファーセックスをするためにはどうすればよいか、詳しく解説。

プロブレムQ&A
性同一性障害って何？
[一人一人の性のありようを大切にするために]
野宮亜紀・針間克己・大島俊之・原科孝雄・虎井まさ衛・内島　豊著

A5変並製
二六四頁
1800円

戸籍上の性を変更することが認められる特例法が施行されたが、日本はまだまだ偏見が強く難しい。性同一性障害とは何かを理解し、それぞれの生き方を大切にするための入門書。資料として、医療機関や自助支援グループも紹介。

性なる聖なる生
――セクシュアリティと魂の交叉

虎井まさ衛・大月純子／河口和也著

四六判並製
二四〇頁
1700円

セクシュアル・マイノリティーは、神からタブーとされる存在なのか？　性別適合手術は神への冒瀆なのか？　別々の視点から「聖なるもの」を語り、一人一人の性を自分らしく、今を生き生きと生きるために性と聖を見つめなおす。

私たちの仲間
［結合双生児と多様な身体の未来］

アリス・ドムラット・ドレガー著／針間克己訳

四六判並製
二七二頁
2400円

結合双生児、インターセックス、巨人症、小人症、口唇裂……多様な身体を持つ人々。本書は、身体的「正常化」の歴史的文化的背景をさぐり、独特の身体に対して変えるべきは身体ではなく、人々の心ではないかと問いかける。

人クローン技術は許されるか

御輿久美子他著

四六判並製
二三六頁
2000円

いわゆる「人クローン規制法」は人へのクローン技術を促進する法との批判が高まっている。生命倫理、宗教、人権の視点から厳しい規制を課す欧米諸国の状況と比較し、日本の歯止めなき推進の実態を浮き彫りにし、鋭く分析する。

プロブレムQ＆A
どう考える？　生殖医療
［体外受精から代理出産・受精卵診断まで］

小笠原信之著

A5変並製
二〇八頁
1700円

人工受精・体外受精・代理出産・クローンと生殖分野の医療技術の発展はめざましい。出生前診断で出産を断念することの是非や、人工授精児たちの親捜し等、色々な問題を整理し解説すると共に、生命の尊厳を踏まえ共に考える書。

プロブレムQ＆A
戸籍って何だ
［差別をつくりだすもの］

佐藤文明著

A5変並製
二六四頁
1900円

日本独自の戸籍制度だが、その内実はあまり知られていない。戸籍研究家として知られる著者が、個人情報との関連や差別問題、婚外子差別から外国人登録問題等幅広く戸籍の問題をとらえ返し、その生い立ちから問題点まで解説。

プロブレムQ&A
部落差別はなくなったか？
［隠すのか顕すのか］
塩見鮮一郎著

A5変並製
二五二頁
1800円

隠せば差別は自然消滅するのか？　顕すことは差別を助長するのか？　本書は、部落差別は、近代社会に固有な現象であり、人種差別・障害者差別・エイズ差別等と同様に顕わすことで、議論を深め解決していく必要性があると説く。

プロブレムQ&A
問い直す「部落」観
［日本賤民の歴史と世界］
小松克己著

A5変並製
二五六頁
1800円

これまで教育現場・啓発書等で通説となっていた近世政治起源説は、なぜ否定されなければならないのか？　部落問題は、どのようにして成立し、日本の近代化のどこに問題があったのか？　最新研究を踏まえ部落史を書き換える。

プロブレムQ&A
問い直す差別の歴史
［ヨーロッパ・朝鮮賤民の世界］
小松克己著

A5変並製
二〇〇頁
1700円

中世ヨーロッパや朝鮮でも日本の「部落民」同様に差別を受け、賤視される人々がいた。本書は、人権感覚を問いつつ「洋の東西を問わず、歴史の中の賤民（被差別民）は、どういう存在であったか」を追い、差別とは何かを考える。

プロブレムQ&A
アイヌ差別問題読本［増補改訂版］
［シサムになるために］
小笠原信之著

A5変並製
二七六頁
1900円

二風谷ダム判決や、九七年に成立した「アイヌ文化振興法」等話題になっているアイヌ。しかし私たちは、アイヌの歴史をどれだけ知っているのだろうか？　本書はその歴史と差別問題、そして先住民権とは何かを易しく解説。最新版。

プロブレムQ&A
許されるのか？　安楽死
［安楽死・尊厳死・慈悲殺］
小笠原信之著

A5変並製
二六四頁
1800円

高齢社会が到来し、終末期医療の現場では安易な「安楽死ならざる安楽死」も噂される。本書は、安楽死や尊厳死をめぐる諸問題について、その定義から歴史、医療、宗教・哲学まで、様々な角度から解説。あなたなら、どうする？